AF532794

Nini Nagele
Valerie Hammacher

Österreichische Tapas

Österreichische Tapas

Nini Nagele
Valerie Hammacher

ars vivendi

Moosangeralm

INHALT

VORWORT

Das Ausprobieren neuer Gerichte ist wie eine Reise, die unsere Sinne weckt und unsere kulinarische Neugier befriedigt. Es ist ein Abenteuer, das uns über geografische Grenzen hinausführt und uns mit anderen Kulturen verbindet. In diesem Kochbuch finden Sie Rezepte für traditionelle österreichische Gerichte mit Mengenangaben für kleinere Portionen, was für mich die Definition von Tapas ist. Diese kleinen Gerichte, die ihren Ursprung in Spanien haben, treffen genau den Trend der Zeit, denn wir sitzen gerne gesellig mit Freunden zusammen und teilen Gerichte aus Neugier auf Geschmack und Qualität der Speisen. »Lass mich kosten …« ist oft von Esstischen zu hören, wo Menschen Zeit miteinander verbringen. Weil Tapasportionen klein sind, können wir mehrere Speisen, meist drei bis vier, bestellen und somit die Vielfalt der Aromen probieren. Wir erfreuen uns an der Abwechslung, entdecken neue Geschmacksrichtungen und können so die Vielfalt der Küche genießen. Das Teilen von kleinen Gerichten mit Freunden oder Familie schafft eine gesellige Atmosphäre, in der wir den Alltag hinter uns lassen und es uns einfach gut gehen lassen können.

Die österreichische Küche ist für ihre reichhaltigen Gerichte bekannt. Sie ist geprägt von Einflüssen aus Mitteleuropa, vor allem aus den ehemaligen österreichisch-ungarischen Ländern.

Wir finden italienische Spuren, die man an Risibisi (risi e bisi), Melanzani, Maroni und Biskotten erkennt.

Im 18. Jahrhundert machte sich die französische Einwirkung bemerkbar. Französische Sprache und Etikette beeinflussten damals sehr die gutbürgerliche Küche. So wurde beispielsweise die Bezeichnung »Bouillon« für Suppe üblich.

Im 19. Jahrhundert tauchte dann der Begriff »Wiener Küche« in den Kochbüchern auf. Wien ist übrigens die einzige Stadt weltweit, nach der eine ganze Küche benannt wurde. Es war der Wiener Kongress, der 1814 bis 1815 tagte und Wien zur kulinarischen Metropole groß werden hatte lassen.

Mit dem Aufstieg des Bürgertums entwickelte sich neben der höfischen Esskultur die gutbürgerliche Küche. Köchinnen kochten aufwendige Rezepte und bereiteten repräsentative Mahlzeiten zu.

Die traditionelle österreichische Küche spiegelte also damals schon die Vielfalt der Bürger aus der k. u. k. Monarchie wider. Die Klassiker, die Sie in diesem Kochbuch finden, sind typische Gerichte meiner kulturellen Verbundenheit zu dieser Küche. Ich möchte mit diesem Buch meine Liebe zu den traditionellen Gerichten teilen und Sie, liebe Köchinnen und Köche, dazu inspirieren, die österreichische Küche zu entdecken. Auch wenn es schon viele Kochbücher darüber gibt, so ist es doch jedes einzelne, das die kulinarische Tradition für kommende Generationen bewahrt.

Guten Appetit! ¡Buen provecho! Bon appétit! Buon appetito! Dober tek! Jó étvágyat kívánunk! Dobrou chut'!

EINLEITUNG

ÖSTERREICHISCHE TAPAS – ZWEI TRADITIONEN, DIE SICH TREFFEN

Tapas ist eine Bezeichnung für Gerichte, die auf kleinen Tellern, Schalen, Bretteln und in Pfännchen serviert werden. Sie beschreibt nicht, ob die Gerichte aufwendig oder einfach zubereitet werden. Der Begriff Tapas hat sich längst etabliert, und jeder Kulinarikinteressierte weiß, was damit gemeint ist.

Sucht man nach einer anderen Bezeichnung dieser Art von Essen, so könnte man die Gerichte auch Mezze oder Fingerfood nennen.

Gehen wir Tapas essen oder bereiten wir sie selbst zu, so ist eines untrennbar damit verbunden: der Wunsch, mit Freunden zusammen zu sein. Nicht das Sattwerden, sondern das Genießen ist der Anlass für ein Tapasessen.

Ich selbst bestelle mir in einem Restaurant oft lieber drei Vorspeisen als ein Hauptgericht. Das Gustieren, Ausprobieren, Erkunden neuer Geschmacksrichtungen macht einfach Spaß.

Mit Tapas hat man die Möglichkeit, einen ganzen Tisch mit kleinen köstlichen »Schweinereien« zu füllen und sich zu nehmen, worauf man gerade Lust hat. Freunde sitzen zusammen, quatschen und trinken ein schönes Bier mit Schaumkrone oder einen guten Wein und nehmen sich zwischendurch einen Happen. Das ist die Tradition von Tapasessen.

In diesem Buch geht es um österreichische Tapas. Und damit kommen wir zur zweiten Tradition, die ich hier gerne aufgreifen möchte: die österreichische Küche!

Sie gehört zu unserer Kultur und ist ein Teil unserer Identität. Aber auch Rezepte dürfen sich weiterentwickeln und verändern; vielleicht mit anderen Gewürzen und Zutaten, die seinerzeit nicht so einfach zu besorgen waren. Warum nicht bei einem Fischgericht mit Zitrusfrüchten in unterschiedlichster Form arbeiten – die Zitrone hat den Fisch ja schon in Großmutters Küche begleitet. Oder zu Wildgerichten einen orientalischen Einfluss mit Zimt und Bitterschokolade zulassen?

Ich möchte den Köchinnen und Köchen, geselligen Menschen und leidenschaftlichen Essern mit meinen Rezeptvorschlägen eine Anleitung geben. Der Kreativität ist natürlich keine Grenze gesetzt! Ich würde mich freuen, wenn beim Lesen der Rezepte der Wunsch aufkommt, Freunde einzuladen und zu bekochen. Mit typisch österreichischen Gerichten in kleinen Portionen, auf schön gedecktem Tisch, sodass sich die Gäste wohlfühlen, sitzen bleiben, diskutieren, Spaß haben und schnabulieren.

Möge das Buch eine Anregung sein, um viele Stunden mit Freunden zu genießen!

links: Schinkenkipferl mit Sauerrahm und Schnittlauch (Rezept S. 45)

STAND 17

Acht Jahre lang habe ich am Benediktinermarkt in Klagenfurt ein kleines Marktrestaurant geführt. Jeden Tag gab es eine Suppe, ein Risotto, ein Nudelgericht, ein traditionelles Gericht, einen Salat und eine Nachspeise. Da musste jeder Handgriff sitzen, denn für die Vorbereitung hatten wir nur drei Stunden Zeit – um 11 Uhr kamen stets die ersten Gäste. In kurzer Zeit hatte sich mein *Stand 17* zu einem Treffpunkt in Klagenfurt etabliert. 2014 habe ich in der Wiener Hofburg den begehrten Publikumspreis bei der Trophée Gourmet »A la Carte« für das beliebteste Marktrestaurant Österreichs überreicht bekommen. Diese Auszeichnung habe ich meinen lieben Gästen zu verdanken, die so zahlreich für meinen *Stand 17* gestimmt hatten – nochmals ein großes Dankeschön, es ist bis heute ein unvergesslicher Abend gewesen.

Über mich selbst zu schreiben, fällt mir schwer, daher habe ich einige Freunde gebeten, ein paar Zeilen über meine Zeit am Markt zu formulieren:

»Stand 17 *– nein, Nini Nagele! – war der Treffpunkt in Klagenfurt am Benediktinermarkt für viele Jahre. Köstliche Gerichte, zubereitet von der charmanten Wirtin. Es war eine Symbiose aus Kulinarik und gesellschaftlichem Treffen. Sehr schade, dass es vorbei ist. Aber wer weiß??«*
WR

»Stand 17 *war der Stand von Nini und am Benediktinermarkt »the place to go«: Wer gutes traditionelles Essen in bester Qualität und gepflegte Unterhaltung zur Mittagszeit wollte, war dort bestens versorgt. Für mich ein unvergesslicher Ort, den ich sehr vermisse.«*
KS

»›Stand 17‹ *war eigentlich die falsche Bezeichnung. Nini, eine Köchin mit Olivenöl im Blut, hat so gekocht wie meine Großmutter (die beste Köchin aller Zeiten), oder zumindest so, wie man es aus* Die Tante Jolesch *beim Lesen herausgeschmeckt hat. Und Nini hat alle, die am Benediktinermarkt und im Umkreis von 100 km gekocht haben, echt zu Höhen inspiriert. Deshalb hätte er ›Stand 1‹ heißen müssen, und er fehlt mir jeden Tag.«*
HP

»Wie schnell die Zeit vergeht und wie viel sich am Markt verändert hat. Ich denke sehr gerne an unsere Anfänge am Markt zurück. Du mit dem Stand 17 *und ich als dein Nachbar mit der Kochwerkstatt. Zusammen mit unserem Freund Ivo, der auf der anderen Seite vom Marktplatz sein Lokal hatte, bildeten wir den Alpen-Adria-Dreiklang. Ninis Küche würde ich kurz als »in der Heimat verwurzelt und offen für die Welt« beschreiben. Du selbst zu sein in einer Welt, die dich ständig anders haben will, beschreibt Nini auch sehr gut. Der* Stand 17 *war ein gutes Beispiel dafür, dass die Größe eines Lokals nicht die Hauptrolle spielt.*

Stand 17 *von Nini war für mich persönlich ein Kunstobjekt. Die Kunst war es zum Beispiel, jenen Gästen, die bei ihr waren, und die schon jeden Luxus der Welt auf den Tellern hatten, über den Gaumen ein Gefühl für Zeit, Ort und Kultur zu vermitteln … und das ist ihr wahrlich gelungen.*

Die Küche von Ninis Stand 17 *war multisensorisch. Sie sprach Auge, Mund, Nase, Ohren und den Geist an. Keine andere Kunst besitzt diese Komplexität. So habe ich sie in diesem Kleinod am Markt gesehen. Liebe Nini, du fehlst uns sehr in unserer Markttriangel – nichts ist mehr, wie es war!«*

Christian Cabalier (vielfach ausgezeichneter Spitzenkoch, führte jahrelang das beste Lokal Kroatiens, ging danach zurück in seine Heimat und eröffnete am Benediktinermarkt seine Kochwerkstatt – mein Nachbar damals)

SWEET
SWEET

Kärntner Brettljause
Knackwurstschifferl mit Balsamicoreduktion
Wurst-Mayonnaise-Salat
Blunzn mit gebratenen Erdäpfeltalern
Käsekrainer im Blätterteig
Hotdogs mit süßem Kraut
Bauerntopfen mit knusprigem Speck und Wildkräuterpesto
Gerührte Polenta mit Speck und Eierschwammerln
Schalotten aus dem Rohr mit Erbsencreme und weißem Speck
Tiroler Speckknödel
Jägerwecken
Rollgerste mit Selchfleisch-Ritschert
Sandwich mit Schinken und Glundner Käse
Schinkenkipferl mit Sauerrahm und Schnittlauch
Schinkenfleckerl mit Parmesan
Kalbsgulasch mit Butterspätzle
Kalbsleber mit karamellisierten Zwiebeln
Markknochen mit Belugalinsen
Saurer Rindfleischsalat mit Kidneybohnen und Kürbiskernöl
Faschierte Laibchen mit Erdäpfelpüree
Gefüllte Paprika mit Paradeisern
Rehtonnato
Rehragout
Wiener Schnitzerl vom Rehlungenbraten
Wilder Burger
Wildsugo im Pastanest
Hirschleberpastete im Blätterteig
Backhendlhappen mit Erdäpfel-Mayonnaise-Salat
Gebratene Wachtel mit Rollgerste und Honig

WURST, SCHINKEN & FLEISCH

Kärntner Brettljause

Die Tapa schlechthin – und es muss nicht einmal etwas dafür zubereitet, sondern nur alles möglichst dünn aufgeschnitten werden. Ich habe die Brettljause in meine Gerichte aufgenommen, da ja auch der Prosciutto in Italien oder der Jamón Ibérico in Spanien dünn aufgeschnitten sehr gerne für einen Happen nebenbei gereicht werden. Zu einer guten Jause sollte zudem ein gebrannter Schnaps aus Zwetschken oder anderem Steinobst nicht fehlen.

FÜR 4 PERSONEN

Schinkenspeck
Bauchspeck
Kärntner Hartwürstel
Glundner Käse
Liptaueraufstrich (siehe S. 113)
Cocktail- oder Pflaumenparadeiser
Essiggurken
Pfefferoni
hart gekochtes Bio-Ei
Butter
Schwarzbrot

Den Speck und die harten Würstel sehr dünn aufschneiden und dekorativ auf ein Holzbrett legen. Glundner Käse und Liptauer daneben platzieren. Paradeiser, Essiggurken und Pfefferoni sowie ein gepelltes und halbiertes hart gekochtes Ei dazwischensetzen. Mit Butter und dünn geschnittenem Schwarzbrot, am besten vom Bauern, in die Mitte eines Tischs stellen und zugreifen lassen.

Knackwurstschifferl mit Balsamicoreduktion

Eine Wurstart, über die in Wien sogar Lieder geschrieben wurden (Und wånn i mei Häuserl verkauf; Wem Gott will rechte Gunst erweisen; Gebts mir meine Knackwurst her). *Die Knackwurst knackt, wenn man von ihr abbeißt, daher wird wohl auch der Name stammen. Sie kann kurz und dick sein oder länger und gebogen. Bei uns auf dem Land erzeugen die Fleischhauer diese Wurst noch selbst, und jedes Mal, wenn ich eine »Knacker« kaufe, muss ich mich sehr zurückhalten, nicht schon während der Heimfahrt im Auto davon abzubeißen.*

FÜR 4 PERSONEN

1 dickere Knackwurst
1 weiße Zwiebel
1 Essiggurke
1 EL Paradeisermark
20 g Zucker
125 ml Balsamicoessig
Salz
Pfeffer aus der Mühle
1 EL frisch geschnittener Schnittlauch
1 hart gekochtes Bio-Ei

Die Knackwurst in dünne Scheiben schneiden. Zwiebel und Gurke in Streifen schneiden, auf die Wurstscheiben legen und diese zu Schifferln formen. Je zwei Wurstschifferl mit einem Zahnstocher fixieren.

Paradeisermark mit Zucker in einem Topf karamellisieren lassen und mit Balsamico ablöschen. Die Sauce gut verrühren und einkochen, damit sie dicker wird. Mit Salz und Pfeffer abschmecken.

Zum Servieren die Knackwurstschifferl auf einer Platte anrichten und mit Balsamicoreduktion beträufeln. Mit Schnittlauchröllchen bestreuen. Das Ei pellen, in Spalten schneiden und dazureichen.

Wurst-Mayonnaise-Salat

Nicht unbedingt diätetisch, aber einfach köstlich. Dieser Salat ist eigentlich ein klassischer Gabelbissen, der mit einer Scheibe Schwarzbrot oder einer Semmel gegessen wird. Natürlich kann man den Salat auch etwas leichter zubereiten, indem man die Mayonnaise mit etwas Sauerrahm streckt.

FÜR 4 PERSONEN

250 g Extra- und Pariser Wurst (gemischt)
5 Essiggurken
1 Schuss weißer Balsamicoessig
ein paar Scheiben Weißbrot

FÜR DIE MAYONNAISE

2 Bio-Dotter
Salz
125 ml Sonnenblumenöl
frisch gepresster Saft von ½ Zitrone
1 TL Worcestershiresauce
1 TL mittelscharfer Senf
1 TL Sardellenpaste
Pfeffer aus der Mühle
2 EL Sauerrahm (nach Belieben)

Für die Mayonnaise die Dotter mit etwas Salz mixen, dann vorsichtig und ganz langsam das Öl eintröpfeln lassen. Wenn die Masse beginnt, sich zu binden, Zitronensaft, Worcestershiresauce, Senf, Sardellenpaste und etwas Pfeffer dazugeben. Das Öl weiter langsam einfließen lassen, bis die Mayonnaise die gewünschte, leicht steife Konsistenz hat. Den Sauerrahm nach Belieben untermischen, damit die Mayonnaise etwas »leichter« wird.

Wurst und Essiggurken in feine Streifen schneiden, mit Balsamico mischen und zur Mayonnaise geben (ein paar Streifen Essiggurken beiseitelegen). Alles gut vermengen und den Salat 1 Stunde kühl gestellt ziehen lassen.

Den Wurstsalat auf die Weißbrotscheiben setzen, mit den restlichen Essiggurkenstreifen belegen und servieren.

Blunzn mit gebratenen Erdäpfeltalern

Die Blunzn (zu Hochdeutsch Blutwurst) ist besonders im Herbst auf den Speisekarten unserer Gasthäuser zu finden. Meistens wird eine ganze Wurst serviert, aber für Tapas schneide ich Scheiben herunter und brate diese einzeln in der Pfanne an.

FÜR 4 PERSONEN

100 g Blunzn
20 g Mehl
100 g Butter
1 größerer speckiger Erdapfel
1 EL Pflanzenöl
1 EL frisch gerissener Kren
rote Sprossen zum Bestreuen

Die Blunzn in etwa 4 mm dicke Scheiben schneiden und im Mehl wenden. In einer Pfanne die Butter erhitzen und braun werden lassen, dann die Wurstscheiben darin bei mittlerer Hitze kurz anbraten.

Den Erdapfel schälen und in 5 mm dicke Scheiben schneiden. Das Pflanzenöl in einer Pfanne erhitzen und die Erdapfelscheiben darin knusprig braun anbraten.

Zum Servieren die Erdäpfeltaler auf einen Teller oder eine Platte geben und die Blunznradln darauflegen. Mit gerissenem (oder geraspeltem) Kren und roten Sprossen garnieren.

Käsekrainer im Blätterteig

Käsekrainer findet man in Österreich an jedem Würstelstand, an dem man zu später Nachtstunde viele Menschen stehen sieht, die auf dem Nachhauseweg eine Stärkung brauchen. Aber auch als Tapas in kleinerer Form schmecken sie herrlich und sind zudem schnell zubereitet.

Sollten Sie einmal in Wien zu einem Würstelstand kommen und hören, wie jemand Folgendes bestellt: »A Eitrige mit an Krokodül und an Aluweckerl« wundern Sie sich nicht – der Gast wünscht eine Käsekrainer mit einer Essiggurke und einem Bier in der Dose.

FÜR 4 PERSONEN

4 Käsekrainer
50 g Mehl
1 Pck. Blätterteig (aus dem Kühlregal)
1 Bio-Ei

Das Backrohr laut Packungsangabe des Blätterteigs vorheizen. Die Käsekrainer auf einem Teller in Mehl wenden.

Den Blätterteig ausrollen und in Vierecke schneiden, wobei sich die Größe der Teigstücke nach der Länge der Würstel richtet. Die Käsekrainer jeweils an den Rand der Vierecke legen, rechts und links leicht einschlagen und die Würstel in den Teig einrollen. Die eingeschlagenen Enden mit verquirltem Ei bestreichen und die Wurstrollen im vorgeheizten Rohr 15 Minuten backen.

Zum Servieren die Käsekrainer im Blätterteig in mundgerechte Stücke schneiden und Zahnstocher oder Fingerfood-Spieße zum Aufpiksen dazureichen.

TIPP:

Statt Käsekrainer können Sie auch gekochte und geschälte Frankfurter oder Bratwürstel verwenden.

Hotdogs mit süßem Kraut

Tatsächlich soll diese kleine Köstlichkeit wohl in Deutschland erfunden worden sein, wo sie Dackel oder Dachshund genannt wurde. In Amerika wurde sie dann zum Hotdog, da dort auch immer heiße Würste mit jeglicher Art von Zutat dafür verwendet wurden. In diesem Rezept dünste ich Weißkraut mit karamellisiertem Zucker – es schmeckt köstlich, und ich liebe diese Beilage auch zu einem knusprigen Schweinsbraten sehr. Als Wurst verwende ich am liebsten Würstl aus Rehfleisch.

FÜR 4 HOTDOGS

1 Schalotte
200 g Weißkraut
4 EL Butter
2 EL Zucker
250 ml Weißwein
200 ml Gemüsebrühe
Salz
1 TL Kümmelsamen
4 kleine Bratwürste vom Wild
1 EL Butterschmalz
4 kleine Bierweckerl

Die Schalotte klein schneiden und das Weißkraut hobeln. In einem Topf die Butter erhitzen und den Zucker darin karamellisieren. Schalotte und Kraut dazugeben, glasig anschwitzen und mit Weißwein ablöschen. Das Kraut mit Gemüsebrühe aufgießen, Salz und Kümmel hinzufügen und weich dünsten.

Inzwischen die Bratwürste in einer Pfanne in Butterschmalz braten.

Zum Servieren die Bierweckerl der Länge nach auf, aber nicht ganz durchschneiden. Mit dem süßen Kraut füllen und das gebratene Würstl hineinsetzen.

Bauerntopfen mit knusprigem Speck und Wildkräuterpesto

Wildkräuter sind eine tolle Sache, und je mehr ich mich damit beschäftige, desto interessanter ist es, durch Wälder und Wiesen zu streifen. Es fasziniert mich, wie viele Kräuter essbar sind und welch intensiven Geschmack sie haben. Zu einem Pesto verarbeitet oder einfach über Blattsalate gestreut – sie sind vielseitig zu verwenden, äußerst gesund und sehen zudem schön bunt aus, denn auch ihre Blüten sind oft genießbar.

FÜR 4 PERSONEN

100 g Bauchspeck in Scheiben (Frühstücksspeck/ Bacon)
250 g Bauern- oder Bröseltopfen
50 g Sauerrahm
Salz
Pfeffer aus der Mühle

FÜR DAS PESTO

Salz
1 kg Wildkräuter (z. B. Bärlauch, Brennnessel, Löwenzahnblätter)
Olivenöl
Pfeffer aus der Mühle
1 Prise frisch geriebene Muskatnuss
150 g Pinienkerne

Die Bauchspeckscheiben in Streifen schneiden und in einer Pfanne ohne zusätzliches Fett knusprig braten. Auf Küchenpapier abtropfen lassen. Topfen und Sauerrahm gut vermischen und mit Salz und Pfeffer abschmecken.

In einem Topf Salzwasser zum Kochen bringen und die Wildkräuter darin 30 Sekunden blanchieren. Dann abseihen, mit kaltem Wasser abschrecken, damit die grüne Farbe erhalten bleibt, und ausdrücken. Mit einem Stabmixer die Wildkräuter fein pürieren und dabei langsam Olivenöl einfließen lassen, bis das Pesto die gewünschte Konsistenz erreicht hat. Mit Salz, Pfeffer und Muskatnuss abschmecken. Die Pinienkerne in einer Pfanne trocken rösten und unter das Pesto rühren.

Zum Servieren etwas Topfencreme auf einem Teller platzieren, die knusprigen Speckstreifen darauf verteilen und einen grünen Kranz aus Wildkräuterpesto um den Topfen ziehen.

TIPP:

Bei den Wildkräutern darauf achten, dass maximal ein Drittel der Menge Brennnesseln sind, sonst wird das Pesto zu herb. Mit Olivenöl bedeckt, hält das Pesto monatelang im Kühlschrank. Für ein schnelles Mittagessen zu kernweicher Pasta servieren.

Gerührte Polenta mit Speck und Eierschwammerln

Knuspriger Speck, knackige kleine Eierschwammerl und langsam gerührte Polenta. Eine Köstlichkeit im Sommer, wenn Eierschwammerl in unseren Wäldern einen gelben Teppich zaubern.

FÜR 4 PERSONEN

Salz
150 g Maisgrieß
150 g Speck
½ Zwiebel
250 g Eierschwammerl
Pfeffer aus der Mühle

Für die Polenta 500 ml Wasser mit etwas Salz zum Kochen bringen. Einen zweiten Topf heißes Salzwasser bereitstellen. Den Maisgrieß unter ständigem Rühren in den ersten Topf einrieseln lassen. Sobald die Polenta dicker wird, immer wieder etwas Wasser aus dem zweiten Topf zuschöpfen. Diese Vorgehensweise ist wichtig, denn durch die Hitze der Herdplatte wird die Polenta dickflüssig und durch das zugefügte Wasser weich. Es dauert etwa 50 Minuten, bis die Polenta fertig ist.

Den Speck in kleine Würfel schneiden und in einer Pfanne ohne zusätzliches Fett anbraten. Die Zwiebel fein hacken und im ausgetretenen Fett mit anschwitzen. Die Eierschwammerl – am besten eignen sich kleine knackige Schwammerl – dazugeben und ebenfalls anrösten. Mit Salz und Pfeffer würzen.

Die Polenta auf kleinen Tellern oder Schalen anrichten und mit Eierschwammerln und Speck toppen.

Schalotten aus dem Rohr mit Erbsencreme und weißem Speck

Unbedingt ausprobieren! Schalotten sind kleiner und feiner im Geschmack als Zwiebeln, und wenn man sie auf Meersalz im Rohr bäckt, bekommen sie einen wunderbar süßlichen Geschmack. Diese Tapas sehen nicht nur schön aus, sie schmecken auch köstlich.

FÜR 4 PERSONEN

FÜR DIE SCHALOTTEN

500 g grobes Meersalz
8 große Schalotten

FÜR DIE CREME

100 g TK-Erbsen
1 kleine Knoblauchzehe
1 Prise Kardamompulver
Cayennepfeffer
Salz

ZUM SERVIEREN

80 g weißer Speck (am besten Lardo)
1 kleine Handvoll Kapernbeeren
natives Olivenöl extra
frisch gepresster Saft von 1 Zitrone

Das Backrohr auf 200 °C (Ober-/Unterhitze) vorheizen. Das Meersalz in eine ofenfeste Form streuen. Die Schalotten ungeschält der Länge nach bis zur Hälfte einschneiden und auf das Salz setzen. Etwa 40 Minuten im vorgeheizten Rohr backen.

Die Erbsen in einem Topf mit Wasser bedecken und 15 Minuten abgedeckt kochen. Dann abseihen, dabei das Erbsenwasser auffangen. Erbsen und Knoblauch in einer Schüssel mit dem Pürierstab mixen. Mit Kardamompulver, Cayennepfeffer und Salz abschmecken. Bei Bedarf die Konsistenz durch Zugabe von Erbsenkochwasser regulieren.

Die Form mit den Schalotten aus dem Rohr nehmen, kurz auskühlen lassen und die Schalotten dann vorsichtig an den spitzen Enden zusammendrücken, sodass sie sich leicht öffnen. Die Erbsencreme mit einem Löffel in die halb geöffneten Schalotten füllen.

Den weißen Speck in hauchdünne Scheiben schneiden. Die gefüllten Schalotten auf einen Teller setzen, die Speckscheiben locker dazwischen drapieren und mit halbierten Kapernbeeren garnieren. Mit gutem Olivenöl und Zitronensaft beträufelt servieren.

Tiroler Speckknödel

Was im Süden Österreichs die gefüllten Nudeln sind, sind im Westen die Knödel. Auch in Südtirol gibt es Knödel in allen Varianten. Speckknödel zählen zu den Klassikern und werden sehr gerne auf den Skihütten angeboten. Für die Knödelmasse werden immer Semmelwürfel verwendet, denen man die unterschiedlichsten Zutaten beimengt. Knödel können als Hauptgericht, Beilage oder auch als Suppeneinlage serviert werden.

FÜR 4 PERSONEN

50 g Speck
½ Zwiebel
1 Bio-Ei
50 ml Milch
1 EL frisch geschnittene Petersilie
Salz
100 g Semmelwürfel
20 g Mehl
100 g Butter
50 g frisch geriebener Hartkäse (z. B. Bergkäse oder Gouda)
frisch geschnittener Schnittlauch zum Bestreuen

Den Speck klein würfeln und in einer Pfanne ohne zusätzliches Fett anbraten. Die Zwiebel klein schneiden, zum Speck in die Pfanne geben und mitrösten.

Ei, Milch, Petersilie und etwas Salz vermischen. Die Semmelwürfel dazugeben und 20 Minuten ziehen lassen. Anschließend mit den Händen überschüssige Flüssigkeit ausdrücken. Speck und Zwiebel zu den Semmelwürfeln geben und das Mehl untermischen.

In einem Topf 2 l Salzwasser zum Kochen bringen. Die Butter in einem Topf erhitzen und braun werden lassen (s. Tipp S. 161).

Die Knödelmasse mit feuchten Händen zu kleinen Knödeln formen und im siedenden Salzwasser ziehen lassen, bis sie an der Oberfläche schwimmen. Mit einer Schaumkelle herausheben.

Die Knödel auf einem Teller oder in einer Schale übereinanderlegen, mit der braunen Butter übergießen nd geriebenem Hartkäse sowie Schnittlauch bestreuen.

Jägerwecken

Der Name wird wohl daher stammen, dass man diesen gefüllten Wecken sehr gut zur Jagd mitnehmen kann. Doch egal ob beim Bergwandern oder auf der Jagd – er ist ein herrlicher Imbiss. Eine Fleischsorte, Käse, Eier und Essiggurken sind immer in der Fülle zu finden. Interessanterweise hat ihn meine Mutter öfter zum Christbaum-Aufputzen serviert, daher verbinde ich den Jägerwecken mit der Weihnachtszeit.

FÜR 4 PERSONEN

1 Baguette
50 g Geselchtes
50 g Emmentaler
1 hart gekochtes Bio-Ei
2 Essiggurken
100 g weiche Butter
50 g Frischkäse oder Hüttenkäse
1 TL Sardellenpaste
1 EL frisch geschnittener Schnittlauch, plus mehr zum Servieren
Salz
Pfeffer aus der Mühle

Die Enden des Baguettes abschneiden und mit einem umgedrehten Kochlöffel das Baguette aushöhlen. Vorsicht, dass die Rinde nicht einreißt. Das geselchte Fleisch und den Emmentaler in kleine Würfel schneiden, Ei und Essiggurken klein hacken.

Die Butter in einer Schüssel mit dem Mixer glatt rühren, Frischkäse und Sardellenpaste dazugeben und gut vermischen. Geselchtes, Emmentaler, Ei, Essiggurken sowie Schnittlauch untermengen und alles mit Salz und Pfeffer abschmecken.

Die Fülle vorsichtig in das Weißbrot drücken. Den fertigen Jägerwecken in Frischhaltefolie wickeln und für mehrere Stunden in den Kühlschrank legen, damit die Fülle und das Brot gut durchziehen.

Zum Servieren den Wecken in Scheiben schneiden, in einer Schale anrichten und mit Schnittlauchröllchen dekorieren.

Rollgerste mit Selchfleisch-Ritschert

Dieser Eintopf kommt ursprünglich aus Slowenien und ist daher in Kärnten, dem südlichsten Bundesland Österreichs, das eine Grenze zu Italien und Slowenien hat und wo ich auch wohne, sehr beliebt. Ritschert ist der eingedeutschte Name vom Slowenischen ričet. Es ist überliefert, dass das erste Rezept dafür bereits im 16. Jahrhundert geschrieben wurde. Schon damals wurde es mit Rollgerste (Gerstengraupen) gemacht, die man in Fleischsuppe einrührte.

FÜR 4 PERSONEN

100 g Rollgerste
100 g weiße Bohnen
Salz
200 g gekochtes Selchfleisch
1 Zwiebel
1 Karotte
1 Knoblauchzehe
25 g Butter
2 EL frisch geschnittener Schnittlauch
20 g Mehl
1 l Gemüsebrühe
Pfeffer aus der Mühle
Schwarzbrot zum Servieren

Rollgerste und Bohnen getrennt in je 1 l Salzwasser weich kochen, anschließend abgießen. Das Selchfleisch in 1 cm große Würfel schneiden. Zwiebel und Karotte fein würfeln und den Knoblauch pressen.

Die Butter in einer Pfanne zerlassen und Zwiebel, Karotte, Knoblauch, Schnittlauch sowie Mehl darin anschwitzen. Mit Gemüsebrühe aufgießen, die Selchfleischstücke dazugeben und abgedeckt 1 Stunde köcheln lassen. Etwa 5 Minuten vor Ende der Garzeit Rollgerste und Bohnen hinzufügen. Mit Salz und Pfeffer würzen.

Zum Servieren das Ritschert in kleinen Schüsseln anrichten und mit Schwarzbrot servieren.

Sandwich mit Schinken und Glundner Käse

Dieser Toast war eine Kreation aus der Not heraus, als wir einmal am Abend nach der Jagd hungrig nach Hause kamen und kein Toastkäse mehr im Kühlschrank war. Nachdem in meiner Küche der typisch kärntnerische Käse immer zu finden ist, habe ich diesen aufgekocht, verfeinert und auf den Toast gegeben. Damit das Ganze so richtig deftig wird, brät man das Sandwich in einer Pfanne mit Butter aus. Es macht gar nichts, wenn dabei etwas Käse herausrinnt – es schmeckt einfach traumhaft.

FÜR 4 PERSONEN

- 100 g cremiger Glundner Käse oder Schmelzkäse
- 2 Safranfäden
- 1 Prise Chiliflocken
- 8 Scheiben Toastbrot
- 100 g Schinken in Scheiben
- 25 g Butter

Den Glundner Käse in einem Topf erwärmen, Safranfäden und Chiliflocken dazugeben und mit einem Kochlöffel gut umrühren. Den Käsetopf vom Herd nehmen und auskühlen lassen.

Vier Toastscheiben mit Schinken belegen, den Käse daraufgeben und mit den restlichen Toastscheiben abdecken. Die Butter in einer Pfanne erhitzen und die Sandwiches darin von beiden Seiten goldbraun braten.

Die Schinken-Käse-Sandwiches vor dem Servieren diagonal halbieren, aufeinanderstapeln und mit Spießen fixieren.

Schinkenkipferl mit Sauerrahm und Schnittlauch

Diese perfekte Tapa lässt nichts zu wünschen übrig – und ist zudem gut zum Vorbereiten. In früheren Zeiten hat man dieses Gebäck auch gerne zum Tee am Nachmittag serviert.

FÜR 10 KIPFERL

FÜR DIE KIPFERL

½ Zwiebel
1 EL Butter
100 g Geselchtes
50 g Bergkäse
2 EL Sauerrahm
3 Bio-Dotter
1 EL frisch geschnittene Petersilie
Salz
Pfeffer aus der Mühle
200 g Blätterteig (aus dem Kühlregal)
1 EL schwarze und/oder weiße Sesamsamen

FÜR DEN DIP

1 Bund Schnittlauch
250 g Sauerrahm
Salz
weißer Pfeffer aus der Mühle

Die Zwiebel fein schneiden und in einer Pfanne in der Butter anrösten, bis sie bräunt.

Das Geselchte ganz fein faschieren, den Bergkäse dazureiben und mit brauner Zwiebel, Sauerrahm, zwei Dottern, Petersilie, Salz und Pfeffer mischen.

Das Backrohr auf 220 °C (Ober-/Unterhitze) vorheizen. Den Blätterteig ausrollen und in Dreiecke schneiden, wobei die lange Seite etwa 8 cm messen sollte. Mit einem Löffel die Schinkenmasse an der Längsseite des Teigs auftragen und die Dreiecke in Richtung der Spitze einrollen. Die Kipferl mit dem verbliebenen Dotter bestreichen, mit Sesam bestreuen und 15 Minuten im vorgeheizten Rohr goldbraun backen.

Für den Dip den Schnittlauch in Röllchen schneiden, mit Sauerrahm vermischen und mit Salz und weißem Pfeffer würzen.

Die Schinkenkipferl auf einer Platte oder in einem Korb anrichten und den Dip in einem Schälchen dazureichen.

Schinkenfleckerl mit Parmesan

Fleckerl sind rechteckige oder quadratische Nudelstücke, die sehr einfach selbst gemacht oder auch gekauft werden können. Gemischt mit Schinken und einer cremigen Sauce, anschließend im Rohr überbacken, bereitet man ganz simpel diese klassischen österreichischen Tapas zu.

FÜR 4 PERSONEN

150 g Nudelfleckerl
Salz
150 g Schinken
3 Bio-Eier
50 g Schlagobers
50 g Sauerrahm
Pfeffer aus der Mühle
1 Prise frisch geriebene Muskatnuss
40 g Semmelbrösel, plus mehr zum Ausstreuen
30 g kalte Butter, plus mehr für die Formen
150 g frisch geriebener Parmesan

kleine ofenfeste Tapasformen

Die Nudelfleckerl in 1 l Salzwasser kernweich kochen, dann abseihen, mit kaltem Wasser abschrecken und abtropfen lassen. Den Schinken in 1 cm große Würfel schneiden. Zwei der drei Eier trennen.

Schlagobers, Sauerrahm, zwei Eidotter und ein ganzes Ei verrühren und mit Salz, Pfeffer und Muskatnuss würzen. Nudelfleckerl, Brösel und Schinkenwürfel unter die Masse mischen.

Die übrigen beiden Eiklar mit dem Mixer zu steifem Schnee schlagen und vorsichtig unter die Schinkenmasse heben.

Das Backrohr auf 200 °C (Ober-/Unterhitze) vorheizen. Die Tapasformen ausbuttern und mit Bröseln ausstreuen. Die Schinkenfleckerlmasse hineingeben, mit Parmesan und kalter Butter in Flocken bestreuen und etwa 40 Minuten im vorgeheizten Rohr backen, bis sich eine goldbraune Käsekruste auf den Fleckerln bildet.

Die Schinkenfleckerl in den Tapasförmchen servieren.

Kalbsgulasch mit Butterspätzle

Gulaschgerichte sind aus der österreichischen Küche nicht wegzudenken. Kalbsgulasch, das in Kombination mit dem Geschmack von Zitronen einfach köstlich schmeckt, ist die elegantere Variante dieser beliebten Speise.

FÜR 4 PERSONEN

FÜR DAS GULASCH

500 g Kalbfleisch (am besten vom ausgelösten Schlögel)
1 Zwiebel
1 EL Pflanzenöl
1 EL edelsüßes Paprikapulver
1 l Gemüsebrühe
Salz
weißer Pfeffer aus der Mühle
Schale und frisch gepresster Saft von ½ unbehandelten Bio-Zitrone
1 EL Mehl
2 EL Sauerrahm

FÜR DIE SPÄTZLE

250 g glattes Mehl (Type 480)
2 Bio-Eier plus 1 Bio-Dotter
10 ml Milch
1 TL Pflanzenöl
Salz
2 EL Butter

Das Kalbfleisch in 3 cm große Würfel schneiden. Die Zwiebel ebenfalls würfeln und in einer Pfanne im Pflanzenöl anrösten. Paprikapulver dazugeben und sofort mit Gemüsebrühe aufgießen. Fleisch, Salz, Pfeffer, Zitronenschale und -saft einrühren und alles abgedeckt 1 Stunde köcheln lassen. Dann die Zitronenschale wieder entfernen.

Mehl und Sauerrahm in einer Schale zu einer sämigen Masse rühren und 5 Minuten vor dem Ende der Garzeit zum Fleisch geben. Mit einem Schneebesen gut einrühren, sodass keine Klümpchen entstehen und das Gulasch eine sämige, nicht zu flüssige Konsistenz erhält.

Für die Spätzle Mehl, Eier, Dotter, Milch, Pflanzenöl und etwas Salz mit einem Kochlöffel gut verrühren. In einem Topf 2 l Salzwasser zum Sieden bringen. Den Teig mithilfe einer Nockerlreibe in das Wasser tropfen und aufkochen, dabei immer wieder umrühren, damit die Spätzle nicht zusammenkleben. Wenn die Spätzle an der Oberfläche schwimmen, diese mit einer Schaumkelle abschöpfen und kalt abschrecken.

In einer Pfanne die Butter zerlassen und die Spätzle darin schwenken.

Das Kalbsgulasch zusammen mit den Butterspätzle servieren.

Kalbsleber mit karamellisierten Zwiebeln

Zwei Dinge sind bei diesem Rezept sehr wichtig. Zum einen sollten die Zwiebelringe immer in einem eigenen Topf karamellisiert werden, wobei die Sauce wirklich gut reduziert und eingedickt werden muss. Zum anderen muss die Leber wirklich gründlich geputzt und anschließend scharf angebraten werden.

FÜR 4 PERSONEN

FÜR DIE SAUCE

1 Zwiebel
1 Apfel
1 EL Butter
1 EL Zucker
1 Schuss Rotwein
1 TL Preiselbeermarmelade
Salz
Pfeffer aus der Mühle
1 kleine rote Chilischote

FÜR DIE LEBER

100 g Kalbsleber
25 g Butter
Salz
Pfeffer aus der Mühle
Weißbrot oder Erdäpfelpüree (siehe S. 57) zum Servieren

Für die Sauce die Zwiebel schälen und in dünne Ringe schneiden. Den Apfel schälen, vierteln, das Kerngehäuse entfernen und das Fruchtfleisch in kleine Ecken schneiden.

In einer Pfanne die Butter erhitzen und den Zucker darin karamellisieren. Rotwein, Marmelade, Salz und Pfeffer einrühren. Samen und weiße Häute der Chili entfernen, die Chili klein schneiden und je nach Schärfewunsch dazugeben. Zwiebelringe und Apfelstückchen in die Sauce legen und so lange köcheln, bis die Sauce dickflüssig wird.

Die Kalbsleber von der Haut und den weißen Drüsen befreien und in dünne Scheiben schneiden. Die Butter in einer Pfanne erhitzen und die Leberscheiben darin rösten. Achtung, erst am Ende salzen und pfeffern, da die Leber sonst hart wird. Wenn die Leber gut angeröstet und schön braun ist, die Zwiebel-Apfel-Sauce dazugeben und die Leberscheiben darin mehrmals wenden.

Zum Servieren die Leber mit Sauce auf kleinen Tellern anrichten und Weißbrot oder Erdäpfelpüree dazureichen.

Markknochen mit Belugalinsen

Markknochen sind große Knochen vom Rind und werden beispielsweise bei der Zubereitung einer kräftigen Rindssuppe mitgekocht. In ihrem Inneren finden wir das Mark, das sehr schnell gar und ganz leicht aus dem Knochen herauszunehmen ist. Markknochen sind bei uns oft tiefgekühlt zu kaufen und können auch einfach im Rohr gemacht werden. Und bestellt man in Österreich einen Tafelspitz, bekommt man diese Köstlichkeit meistens mitserviert.

FÜR 4 PERSONEN

1 Markknochen vom Rind, in 4 Stücke geschnitten (den Fleischhauer darum bitten)
1 EL Backpulver oder Natron
100 g Belugalinsen
Salz
1 Lorbeerblatt
1 kleine rote Chilischote
2 EL Apfelessig
1 EL Sonnenblumenöl
Pfeffer aus der Mühle
25 g Butter
ein paar Scheiben Schwarzbrot
grobes Meersalz

Das Mark vorsichtig aus den Knochen lösen (das geht besser, wenn die Knochen nicht zu kalt sind). Die Knochen in einem Topf mit Wasser und 1 EL Backpulver auskochen, um Fleischreste leichter ablösen zu können und damit der Knochen eine weiße Farbe bekommt. Die Knochen putzen und zum Auskühlen beiseitestellen.

Die Belugalinsen gut abspülen und mit dem Lorbeerblatt in 500 ml Salzwasser 20 Minuten weich kochen. Samen und weiße Häute der Chili entfernen und die Chili klein schneiden. Die Linsen abseihen und mit Chili, Apfelessig und Sonnenblumenöl gut mischen. Mit Salz und Pfeffer abschmecken.

Die Butter in einer Pfanne erhitzen und braun werden lassen. Das ausgelöste Rindermark darin bei mittlerer Hitze kurz braten. Das Schwarzbrot leicht toasten.

Die weißen Markknochen in kleine Schälchen stellen. Die Belugalinsen hineinfüllen und außenherum drapieren, das gebratene Mark obenauf setzen. Mit Meersalz bestreuen und die getoasteten Schwarzbrotscheiben dazuservieren.

Saurer Rindfleischsalat mit Kidneybohnen und Kürbiskernöl

Gekochtes Rindfleisch kann auch kalt serviert werden, nämlich mit dunklem Kernöl und Bohnen. Eine leichte Tapa und etwas typisch Österreichisches, denn gekochtes Rindfleisch in Form von Tafelspitz ist sehr beliebt. Hatte ich zu viel Fleisch oder habe ich absichtlich mehr gekocht, war es ein Klassiker bei mir am Marktstand.

FÜR 4 PERSONEN

250 g gekochtes Rindfleisch
50 g weiße Zwiebel
Salz
Pfeffer aus der Mühle
2 EL Kernöl
1 EL Apfelessig
4 EL Kidneybohnen (aus der Dose)
Sprossen zum Bestreuen
ein paar Scheiben Schwarzbrot zum Servieren
2 hart gekochte Bio-Eier

Das Rindfleisch in feine Streifen, die Zwiebel länglich schneiden. Salz, Pfeffer, Kernöl und Apfelessig zu einer Marinade rühren und Fleisch und Zwiebel darin wenden. Die Bohnen dazugeben und das saure Rindfleisch mehrere Stunden kühl gestellt ziehen lassen.

Den Rindfleischsalat in Tassen anrichten und mit Sprossen garnieren. Einen Faden Kürbiskernöl darüberziehen. Dazu Schwarzbrot sowie hart gekochte, gepellte und halbierte Eier reichen.

Faschierte Laibchen mit Erdäpfelpüree

Fast jeder liebt faschierte Laibchen – die man praktischerweise als Tapa sehr klein und mundgerecht formen kann. Dazu verwendet man faschiertes Fleisch vom Schwein, Rind, Kalb oder aber, wie ich meistens, vom Wild. Auch kalt oder in einer Semmel (mit Senf und/oder Ketchup) schmecken sie einfach köstlich.

FÜR 4 PERSONEN

FÜR DAS PÜREE

500 g mehlige Erdäpfel
Salz
100 g Butter
65 g Schlagobers
Pfeffer aus der Mühle
1 Prise frisch geriebene Muskatnuss

FÜR DIE LAIBCHEN

1 Zwiebel
1 Knoblauchzehe
120 g Butter
250 g gemischtes Faschiertes
1 EL Semmelbrösel
1 EL frisch geschnittene Petersilie
2 EL Olivenöl
1 Bio-Ei
Salz
Pfeffer aus der Mühle
1 Msp. Chilipulver
1 TL getrockneter Majoran
1 TL getrockneter Thymian
1 Spritzer Weißwein

Für das Püree die Erdäpfel schälen und 3 cm groß würfeln. In einen Topf mit kaltem Salzwasser legen, zum Kochen bringen und die Erdäpfelstücke ca. 20 Minuten garen, bis sie weich sind.

Inzwischen die Butter in einem Topf erhitzen und langsam braun werden lassen.

Die Erdäpfel abseihen, dabei ein bisschen vom Kochwasser auffangen, stampfen und mit dem Kochwasser bis zur gewünschten Konsistenz regulieren. Braune Butter, Schlagobers, Salz, Pfeffer und Muskatnuss untermengen und abschmecken.

Für die Laibchen die Zwiebel fein schneiden, den Knoblauch pressen. In einer Pfanne 2 EL Butter zerlassen und Zwiebel und Knoblauch darin anschwitzen. Mit dem Faschierten in eine Schüssel geben und mit Semmelbröseln, Petersilie, Olivenöl, Ei, Salz, Pfeffer, Chilipulver sowie Kräutern gründlich vermengen. Aus der Masse mit feuchten Händen kleine Laibchen formen.

In einer Pfanne die restliche Butter erhitzen und braun werden lassen (s. Tipp S. 161), dann die Laibchen von allen Seiten darin braten. Die Laibchen herausnehmen, den Bratenrückstand mit etwas Weißwein ablöschen, abkratzen und kurz einkochen.

Zum Servieren ein Bett aus Erdäpfelpüree auf einen Teller oder in eine Schale streichen, ein gebratenes faschiertes Laibchen daraufsetzen und mit Bratensaft beträufeln.

TIPP:

Gibt man die Laibchen in den Bratensaft zurück, kann man sie abgedeckt im Rohr sehr gut warm halten.

Gefüllte Paprika mit Paradeisern

Paprika eignen sich bestens zum Aushöhlen und Füllen. Der Fantasie sind keine Grenzen gesetzt, doch der Klassiker ist das Füllen mit faschiertem Fleisch und Reis.

FÜR 4 PERSONEN

50 g Reis
Salz
1 Zwiebel
2 EL Pflanzenöl
250 g faschiertes Schweine- oder Wildfleisch
1 Knoblauchzehe
1 EL frisch geschnittene Petersilie
Pfeffer aus der Mühle
1 TL getrockneter Majoran
4 kleine rote Paprikaschoten oder Spitzpaprika
400 g geschälte Paradeiser (aus der Dose)
10 g Zucker
4 EL Sauerrahm zum Servieren (nach Belieben)

Den Reis in Salzwasser 10 Minuten kochen, dann abseihen. Das Pflanzenöl in einer Pfanne erhitzen. Die Zwiebel fein hacken und im heißen Öl braun anschwitzen.

Das faschierte Fleisch mit der braunen Zwiebel in eine Schüssel geben. Den Knoblauch pressen und mit Petersilie, Salz, Pfeffer, Majoran und dem gekochten Reis gut unter die Fleischmasse mischen.

Das Backrohr auf 180 °C (Ober-/Unterhitze) vorheizen.

Die Paprika aufrecht stellen und den Deckel mitsamt Strunk abschneiden. Die Früchte aushöhlen, mit kaltem Wasser ausspülen und mit der Fleischmasse füllen.

Die Paradeiser in einer ofenfesten Form verteilen und zerdrücken. Zucker und etwas Salz über die Paradeiser streuen und verrühren. Die gefüllten Paprika in die Sauce setzen und 1 Stunde im vorgeheizten Rohr garen.

Zum Servieren etwas Paradeisersauce auf einen Teller geben und eine gefüllte Paprika daraufsetzen. Nach Belieben einen Klecks Sauerrahm dazureichen.

TIPP:
Die Form ist im Idealfall so groß, dass die Paprikaschoten darin aufrecht nebeneinander Platz haben.

Rehtonnato

In Anlehnung an das bekannte Gericht Vitello tonnato habe ich dieses Gericht mit einem Rehlungenbraten zubereitet. Das Fleisch dafür sollte leicht angefroren sein, da es sich so am besten mit einer Maschine ganz dünn aufschneiden lässt.

FÜR 4 PERSONEN

200 g Rehrücken
2 EL Sauerrahm
1 TL mittelscharfer Senf
1 EL Thunfischpaste
1 TL Weißweinessig
frisch gepresster Saft von 1 Zitrone
1 TL frisch geschnittene Dille
Salz
weißer Pfeffer aus der Mühle
schwarzer Pfeffer aus der Mühle
Kapern und Pinienkerne zum Bestreuen
natives Olivenöl extra

Den Rehrücken putzen, in Frischhaltefolie wickeln und für 1 Stunde in den Tiefkühler legen.

Für die Sauce Sauerrahm, Senf, Thunfischpaste, Weißweinessig, Zitronensaft, Dille, Salz und weißen Pfeffer gut mischen und mit dem Pürierstab glatt mixen.

Den Rehrücken aus dem Tiefkühler nehmen und sofort mit einem sehr scharfen Messer oder einer Schneidemaschine in ganz dünne Scheiben schneiden.

Zum Servieren die dünnen Rehfleischscheiben auf einen Teller legen und mit Salz und schwarzem Pfeffer würzen. Einen Spiegel aus Tonnosauce daraufgeben, mit gehackten Kapern und Pinienkernen bestreuen und mit gutem Olivenöl beträufeln.

Rehragout

Vielleicht dauert die Zubereitung dieses herrlichen Gerichts etwas länger, dafür kann man es einfrieren und bei Bedarf aufwärmen – also am besten gleich mehr davon machen! Wichtig ist, dass das Fleisch gut geputzt ist und keine Fasern oder Sehnen mehr in den Fleischstücken sind. Im Unterschied zu Gulasch ist das Fleisch für Ragout feiner, und Paprikapulver ist hier keines zu verwenden.

FÜR 4 PERSONEN

500 g Rehschlögel
1 Zwiebel
1 gelbe Karotte
1 orangefarbene Karotte
1 Petersilienwurzel
2 EL Pflanzenöl
1 EL Paradeisermark
65 ml Rotwein
1 TL Preiselbeermarmelade
Salz
5 schwarze Pfefferkörner
3 Wacholderbeeren
1 Lorbeerblatt
1 EL frisch geschnittener Thymian
125 ml Wildfond oder Gemüsebrühe
20 g Mehl
1 EL Sauerrahm
frisch geschnittene Petersilie zum Bestreuen
Weißbrot oder Baguette zum Servieren

Das Rehfleisch gründlich putzen, dabei von Fasern und Haut befreien, und in 5 cm große Stücke schneiden.

Zwiebel, Karotten und Petersilienwurzel klein schneiden und in einem tiefen Topf in Pflanzenöl anbraten. Das Paradeisermark hinzufügen und kurz mitrösten.

Die Rehstücke in denselben Topf geben und ebenfalls anrösten. Mit Rotwein ablöschen und Preiselbeermarmelade, etwas Salz, Gewürze und Kräuter unterrühren. Mit Wildfond aufgießen und das Fleisch etwa 1 Stunde weich dünsten, bis es beginnt zu zerfallen.

Mehl und Sauerrahm in einer Schale vermischen und zum Schluss, wenn das Fleisch weich ist, mit einem Schneebesen in das Ragout einrühren. Das Ragout wird dadurch schön sämig.

Zum Servieren das Rehragout in kleinen Schüsseln anrichten, mit Petersilie bestreuen und frisches Weißbrot dazureichen.

TIPP:
Bandnudeln oder Spätzle passen auch herrlich zu diesem Gericht.

Wiener Schnitzerl vom Rehlungenbraten

Das klassische Wiener Schnitzel wird mit Fleisch vom Kalb zubereitet, aber natürlich kann man auch Fleisch vom Schwein oder, wie ich, vom Wild nehmen. Da der Lungenbraten vom Reh besonders zart und dünn ist, eignet er sich perfekt für diese köstlichen Tapas.

FÜR 4 PERSONEN

200 g Lungenbraten vom Reh
2 Bio-Eier
Salz
Pfeffer aus der Mühle
100 g Mehl
100 g Semmelbrösel
250 g Schweineschmalz
Preiselbeermarmelade zum Servieren

Den Lungenbraten vom Reh gründlich putzen, in dünne Scheiben schneiden und mit einem Fleischklopfer flach klopfen.

Die Eier in einer Schale verquirlen, leicht salzen und pfeffern. Die kleinen Fleischscheiben einzeln bemehlen, dann durch das Ei ziehen und zuletzt in den Bröseln wenden.

Das Schmalz in einer Pfanne erhitzen und die Schnitzel darin von beiden Seiten goldbraun ausbacken.

Die Wiener Schnitzerl mit Preiselbeermarmelade servieren.

Wilder Burger

Burger haben längst Einzug in unsere Küchen gehalten. Aber dieses Rezept ist besonders, denn mit Hirschfleisch zubereitet und mit frischen Kräutern gewürzt, schmeckt man eindeutig den Wald.

FÜR 4 PERSONEN

250 g faschiertes Hirschfleisch
Salz
Pfeffer aus der Mühle
1 TL frisch geschnittener Majoran
1 TL frisch geschnittener Rosmarin
20 g Butter
1 Paradeiser
4 Scheiben Speck
4 kleine Burger Buns
1 Handvoll Zupfsalatblätter
4 Scheiben Bergkäse

Das Faschierte gut mit Salz, Pfeffer und Kräutern mischen und zu einer Rolle formen. Mit einem scharfen Messer in 1 cm dicke Scheiben schneiden und diese in einer Pfanne in der Butter anbraten.

Den Paradeiser in Scheiben schneiden. Den Speck in einer Pfanne ohne zusätzliches Fett kross braten. Die Buns in der Mitte auseinanderschneiden und die Innenseiten in einer Pfanne kurz anwärmen.

Zum Servieren die Zupfsalatblätter auf die untere Brötchenhälfte geben, die gebratenen Hirschlaibchen daraufsetzen, mit Käse, Paradeiser und Speck belegen und den Bundeckel aufsetzen.

Wildsugo im Pastanest

Neben unzähligen Risottovarianten – ich habe Tonnen an Reis am Marktstand gerührt – war es meine Wildsugo, die besonders beliebt war. Ich habe immer eine sehr große Menge davon gekocht, da ich der Meinung bin, dass eine größere Menge geschmacklich besser wird. Wichtig sind frisches Gemüse und, wenn möglich, Kräuter – und ewig langes Kochen. Drei oder besser vier Stunden würde ich mindestens empfehlen. Ist sie einmal fertig, kann man die Sugo bestens in kleineren Portionen einfrieren. Mit Pasta oder auch in einer Lasagne ein Gaumengenuss.

FÜR 4 PERSONEN

FÜR DIE SUGO
2 Karotten (gelb und orangefarben)
1 Zwiebel
1 Stange Staudensellerie
1 EL Pflanzenöl
1 Knoblauchzehe
1 EL Paradeisermark
200 g faschiertes Wildfleisch
50 g faschiertes Schweinefleisch
400 g passierte Paradeiser (aus der Dose)
Salz
Pfeffer aus der Mühle
1 TL frisch geschnittener Oregano
1 TL frisch geschnittener Majoran
1 Zimtstange
5 g Zartbitterschokolade
1 kleine rote Chilischote

FÜR DIE PASTA
Salz
200 g Bandnudeln
50 g Butter

ZUM SERVIEREN
frisch geriebener Parmesan
natives Olivenöl extra

Karotten, Zwiebel und Staudensellerie klein schneiden und in einem Topf im Pflanzenöl glasig anschwitzen. Den Knoblauch pressen, mit dem Paradeisermark dazugeben und anrösten.

Das faschierte Fleisch in denselben Topf geben und mitbraten, bis es eine helle Farbe annimmt. Dann die passierten Paradeiser, Salz, Pfeffer, Kräuter, Zimtstange und Zartbitterschokolade einrühren. Samen und weiße Häute der Chili entfernen, die Chili klein schneiden, je nach Schärfewunsch untermengen und die Sugo auf kleiner Flamme mindestens 1 Stunde, besser 3–4 Stunden köcheln lassen.

Anschließend die Zimtstange entfernen und die Sugo mit Salz und Pfeffer abschmecken.

In einem Topf 2 l Salzwasser zum Kochen bringen und die Nudeln darin kernweich kochen. Nudeln abseihen, in dem noch warmen Topf die Butter schmelzen lassen und die Pasta darin schwenken.

Zum Servieren die Bandnudeln zu kleinen Nestern drehen und in tiefe Teller legen. Die Wildsugo daraufgeben, mit geriebenem Parmesan bestreuen und alles mit gutem Olivenöl beträufeln.

Hirschleberpastete im Blätterteig

Da ich Forstfrau und Jägerin bin und zudem auf dem Land lebe, habe ich das Glück, meistens Wildfleisch vorrätig zu haben. Auch Innereien von Hirsch und Reh schmecken herrlich, daher habe ich auf meinem Marktstand meine Gäste immer wieder damit verwöhnt.

FÜR 4 PERSONEN

100 g Semmelwürfel
125 ml Milch
2 Schalotten
250 g Hirschleber (alternativ Kalbs- oder Geflügelleber)
2 EL Butter
80 g Bauchspeck (Frühstücksspeck/Bacon)
1 EL frisch geschnittene Petersilie
1 Bio-Dotter plus 1 Bio-Ei
1 EL Calvados
Salz
Pfeffer aus der Mühle
1 TL frisch geschnittener Thymian
1 TL frisch geschnittener Majoran
1 Pck. Blätterteig (aus dem Kühlregal)
Rosmarinnadeln zum Bestreuen

Mini-Törtchenformen oder Ähnliches

Die Semmelwürfel mit kalter Milch übergießen, gut mischen und einweichen lassen.

Die Schalotten klein schneiden. Die Leber putzen, dabei von ihrer feinen Haut und den weißen Drüsen befreien, und fein schaben. In einer Pfanne die Butter zerlassen und Schalotten und Leber darin kurz anbraten.

Den Speck fein schneiden und mit der Petersilie zu den gut ausgedrückten Semmelwürfeln geben. Die Lebermasse untermengen und mit dem Pürierstab fein mixen. Das Dotter untermischen und mit Calvados, Salz, Pfeffer sowie den Kräutern abschmecken.

Das Backrohr auf 180 °C (Ober-/Unterhitze) vorheizen.

Die Törtchenformen mit etwa zwei Dritteln des ausgerollten Blätterteigs auskleiden und in jede Mulde 1 EL Lebermasse füllen. Den restlichen Blätterteig obenauf legen und an den Rändern gut festdrücken.

Den Teig mit verquirltem Ei bestreichen und die Oberseite mit einem scharfen Messer ein paar Mal einschneiden, damit beim Backen Dampf entweichen kann. Mit Rosmarinnadeln bestreuen und die Pasteten im vorgeheizten Rohr 30 Minuten goldbraun backen.

Die Hirschleberpasteten in einer Schale oder auf einem dekorativen Teller anrichten und servieren.

Backhendlhappen mit Erdäpfel-Mayonnaise-Salat

Backhendl ist ein typisches Wiener Gericht, und während meiner Zeit in Wien (20 Jahre lang habe ich dort gelebt!) war es Tradition, sonntags mit meiner Großmutter Backhendl essen zu gehen.

FÜR 4 PERSONEN

FÜR DEN SALAT
2 Bio-Dotter
1 TL Worcestershiresauce
1 TL mittelscharfer Senf
1 TL Sardellenpaste
frisch gepresster Saft von ½ Zitrone
Salz
Pfeffer aus der Mühle
250 ml Sonnenblumenöl
2 EL Sauerrahm (nach Belieben)
500 g speckige Erdäpfel
3 EL Weißweinessig

FÜR DAS HENDL
250 g Schweineschmalz
2 Bio-Eier
Salz
½ ausgelöstes Hendl
100 g Mehl
100 g Semmelbrösel
Pfeffer aus der Mühle
Zitronenspalten oder -viertel zum Servieren

Für den Salat eine Mayonnaise herstellen. Dafür die Dotter mit Worcestershiresauce, Senf, Sardellenpaste, Zitronensaft, Salz und Pfeffer in einer Schüssel mixen, dann vorsichtig und ganz langsam das Öl eintropfen lassen und dabei weiter mixen, bis die Mayonnaise die gewünschte, leicht steife Konsistenz hat. Den Sauerrahm nach Belieben untermischen, dann schmeckt die Mayonnaise etwas leichter.

Die Erdäpfel waschen und in einen Topf mit kaltem Salzwasser geben. Erhitzen und 30 Minuten weich kochen. Anschließend abseihen, auskühlen lassen, pellen und in Scheiben schneiden. Die Erdäpfelscheiben mit Weißweinessig beträufeln, 30 Minuten ziehen lassen und anschließend mit der Mayonnaise mischen.

Für das Hendl in einer Pfanne das Schweineschmalz erhitzen. Die Eier verquirlen und leicht salzen. Die Hendlteile von der Haut befreien und das Fleisch in Stücke schneiden. Diese in Mehl wenden, durch das Ei ziehen, in Bröseln wälzen und anschließend im heißen Fett ausbacken. Die Hendlstücke auf Küchenpapier abtropfen lassen.

Zum Servieren das Backhendl mit dem Erdäpfel-Mayonnaise-Salat anrichten und ein paar Zitronenspalten oder -viertel dazureichen.

Gebratene Wachtel mit Rollgerste und Honig

Bei diesem Rezept fällt mir immer eine Geschichte ein, die ich vor vielen Jahren in einem Geflügelgeschäft in der Innenstadt von Wien erlebt habe. Ich ging in dieses Geschäft, das ausschließlich Geflügel verkauft hat, und fragte nach Wachteln. Doch die Verkäuferin antwortete mir: »Liebes Fräulein, wir haben keine Wachteln, wir sind doch ein reines Geflügelgeschäft.« Nun ja. Die Dame wusste wohl nicht, dass die Wachtel zu den kleinsten Hühnerarten zählt, die es gibt. Ihr Fleisch ist besonders zart und gilt als Delikatesse.

FÜR 4 PERSONEN

1 Schalotte
2 EL Pflanzenöl
50 g Rollgerste
Salz
2 Wachteln (küchenfertig)
Rosmarinspitzen zum Garnieren

FÜR DIE REDUKTION

1 EL Honig
65 ml Balsamico- oder Himbeeressig
1 Schuss Portwein

Die Schalotte klein schneiden. In einem Topf 1 EL Pflanzenöl erhitzen und die Schalotte darin glasig anschwitzen. Die Rollgerste dazugeben, salzen und mit Wasser bedecken. Einen Deckel auflegen und die Rollgerste weich kochen.

Die Wachteln entlang des Brustbeins halbieren und die Haxerl vorsichtig abtrennen. Die Brüste vorsichtig vom Rippenknochen lösen. Haxerl und Brüste salzen und in einer Pfanne im restlichen Pflanzenöl braun braten.

Für die Reduktion Honig, Essig und Portwein zum Kochen bringen und eindicken lassen.

Zum Servieren die Rollgerste in einer Schale anrichten, Wachtelbrust und Haxerl durch die Honigreduktion ziehen und daraufsetzen. Mit Rosmarinspitzen garnieren.

Salzburger Kaviar mit Erdäpfelstampf, gehacktem Ei und Sauerrahm
Pumpernickelschnitten mit Käse und Sardellen aus Kantabrien
Hecht-Ceviche mit Avocado-Mango-Guacamole
Saiblingstatar mit Fenchel-Orangen-Salat
Wallerschnitten im Bierteig
Zander-Wan-Tans mit süßsaurer Sauce
Lachsforellen-Baguette
Forelle nordischer Art
Geräucherte Forelle mit Krenschaum und Apfel
Ofenerdäpfel mit Räucherfisch und Aioli
Süßwasserfischsalat
Alpengambas fritas in Tempurateig mit Orangen-Kapern-Dip
Spicy Garnelen mit Knoblauch und Olivenöl
Schnecken mit Knoblauch-Kräuter-Butter

FISCH, GARNELEN & SCHNECKEN

CAV

Salzburger Kaviar mit Erdäpfelstampf, gehacktem Ei und Sauerrahm

Echter Kaviar vom Stör muss nicht aus Russland importiert werden. In Salzburg gibt es einen Kaviarproduzenten, der einfach wunderbaren Kaviar verkauft. Meine Freunde und ich haben uns verliebt in diesen Kaviar, und da unsere Kinder in Salzburg studieren und studiert haben, wurden sie als Kaviarlieferanten eingesetzt.

FÜR 4 PERSONEN

2 Bio-Eier
4 große mehlige Erdäpfel
Salz
250 g Sauerrahm
250 g Störkaviar

Die Eier in einen Topf mit siedendem Wasser gleiten lassen und 7 Minuten kochen, dann herausnehmen, kalt abschrecken, pellen und sehr klein hacken.

Die Erdäpfel schälen, in kaltes Salzwasser legen, erhitzen und etwa 20 Minuten weich kochen. Anschließend abgießen und durch eine Erdäpfelpresse drücken.

Zum Servieren den Erdäpfelstampf auf einem Teller anrichten und mit einem Löffel eine Mulde in der Mitte formen. Etwas Sauerrahm hineingeben und einen großzügigen Löffel Kaviar daraufsetzen. Mit gehacktem Ei bestreuen.

Pumpernickelschnitten mit Käse und Sardellen aus Kantabrien

Seit Kurzem bin ich ein großer Fan von Sardellen. Die Dosen, in denen Sardellen zu kaufen sind, haben in den letzten Jahren Einzug in die besten Lokale erhalten. Selbst in Salzburg zur Festspielzeit bekommt man als kleinen Happen nach dem Konzert die geöffnete Dose mit einem guten Weißbrot zum Auftunken des Öls serviert. Qualitativ gibt es große Unterschiede, aber die mit Abstand besten Sardellen werden in Kantabrien per Hand in die Dosen gesetzt, was ich bisher nicht wusste. Kantabrien befindet sich im Norden Spaniens und ist berühmt für seine Sardellenzucht.

Pumpernickelschnitten sind eine typische Beigabe in Österreich zu Fisch und Austern. Geschichtet mit Butter, Frischkäse und/oder Hartkäse sieht es nicht nur schön aus, sondern passt auch perfekt als guter Gaumenbissen.

FÜR 4 PERSONEN

- 7 Scheiben Pumpernickel
- 100 g Frischkäse
- 6 Scheiben Hartkäse (z. B. Gouda, Edamer)
- 1 Dose Sardellen von guter Qualität (idealerweise aus Kantabrien)

Die Brotscheiben vorsichtig mit einem Messer voneinander lösen. Nun eine Scheibe mit Frischkäse bestreichen und mit einer Scheibe Hartkäse belegen. Eine zweite Brotscheibe darauflegen, wieder mit Frischkäse bestreichen und mit Hartkäse belegen und so fortfahren, bis alle Brotscheiben gestapelt sind. Den Brotblock in Frischhaltefolie einschlagen und 1 Stunde in den Kühlschrank legen. Dadurch lässt er sich später leichter schneiden.

Zum Servieren den Brotblock in beliebig große Ecken oder Schnitten schneiden. Die Sardellendose öffnen und den Fisch zusammen mit den Pumpernickelschnitten genießen.

Hecht-Ceviche mit Avocado-Mango-Guacamole

Unsere heimischen Fische schmecken auch roh hervorragend gut – Frische vorausgesetzt. Ceviche kommt ursprünglich aus Südamerika und hat in den letzten Jahren Europa erobert. Es handelt sich dabei um rohen Fisch, der dünn aufgeschnitten und durch die Säure von Zitronen- oder Limettensaft »gegart« wird.

FÜR 4 PERSONEN

150 g Hechtfilets
frisch gepresster Saft von 3 Limetten, plus ein paar Limettenspalten zum Servieren
1 kleine rote Chilischote
2 Avocados
1 Mango
Salz
1 EL Sonnenblumenöl
4 Blätter vom Salatherz zum Servieren
Koriandergrün zum Garnieren
Pfeffer aus der Mühle

Die Hechtfilets auf Gräten prüfen, mit kaltem Wasser abspülen und trocken tupfen. In eine Schüssel legen, mit Limettensaft übergießen und 1 Stunde im Kühlschrank ziehen lassen.

Samen und weiße Häute der Chili entfernen und die Chili klein schneiden. Die Avocados halbieren, den Stein entfernen und das Fruchtfleisch mit einem Löffel herauslösen. Die Mango schälen, das Fruchtfleisch erst vom Stein, dann in kleine Stücke schneiden und zusammen mit der Avocado in eine Schüssel füllen. Mit Salz und Chili würzen und mit dem Sonnenblumenöl verrühren.

Zum Servieren die Salatherzblätter in eine Schale legen und mit der Avocado-Mango-Guacamole füllen. Die Hechtfilets abtropfen lassen, in Scheiben schneiden und auf die Guacamole legen. Das Koriandergrün schneiden oder zupfen und mit frisch gemahlenem Pfeffer über die Ceviche streuen. Mit Limettenspalten servieren.

Saiblingstatar mit Fenchel-Orangen-Salat

Eine Köstlichkeit, für die nur ganz frische Fische verwendet werden dürfen. Leicht und erfrischend, und ganz simpel mit Brot zu genießen.

FÜR 4 PERSONEN

2 sehr frische Saiblinge
1 Schalotte
Salz
weißer Pfeffer aus der Mühle
1 EL frisch geschnittene Dille
frisch gepresster Saft von 1–2 Limetten
natives Olivenöl extra
1 kleine Fenchelknolle
1 Orange
1 Salatgurke
schwarzer Pfeffer aus der Mühle

Die Saiblinge ausnehmen, waschen, filetieren und die Haut entfernen. Die Gräten gründlich herauszupfen. Die Fischfilets mit einem scharfen Messer in sehr kleine Würfel schneiden. Die Schalotte klein hacken.

Fisch und Schalotte vermischen und mit Salz, weißem Pfeffer, Dille, etwas Limettensaft und Olivenöl abschmecken. Damit die Aromen gut durchziehen, das Tatar 1 Stunde abgedeckt in den Kühlschrank stellen.

Den Fenchel klein schneiden und die Orange filetieren, dafür die Schale von der Frucht schneiden und die Filets zwischen den Häutchen der einzelnen Spalten herauslösen. Orangenfilets und Fenchel mit Olivenöl und Limettensaft vermengen und mit Salz und Pfeffer abschmecken.

Die Salatgurke in 5 mm dicke Scheiben schneiden und diese auf einem Teller anrichten. Etwas Saiblingstatar daraufsetzen und dieses mit Orangen-Fenchel-Salat krönen. Schwarzen Pfeffer frisch darübermahlen.

TIPP:

Sollten Sie knusprig dünne Teigschälchen in Ihrer Nähe bekommen können, eignen diese sich sehr gut zum Füllen mit diesem herrlich frischen Saiblingstatar. Natürlich kann auch ein anderer Fisch, z. B. Forelle, für diese Tapas verwendet werden.

Wallerschnitten im Bierteig

Der Waller, auch Wels genannt, ist der größte Fisch in unseren heimischen Gewässern und ein hervorragender Speisefisch. Er hat ein kompaktes Fleisch und eignet sich daher bestens zum Backen oder Frittieren.

FÜR 4 PERSONEN

500 ml Pflanzenöl zum Frittieren
150 g Wallerfilet
Zitronenspalten zum Servieren

FÜR DEN TEIG

1 Bio-Ei
250 g Mehl
250 ml Bier
Salz
1 Msp. Backpulver

Für den Teig das Ei trennen. Das Mehl mit Bier, etwas Salz, Backpulver und Dotter verrühren und 30 Minuten rasten lassen. Das Eiklar zu steifem Schnee schlagen und unter den Teig heben.

Das Pflanzenöl in einem Topf erhitzen.

Das Fischfilet auf Gräten prüfen und gegebenenfalls entfernen. Das Filet in Schnitten teilen, durch den Bierteig ziehen und im heißen Öl goldbraun frittieren. Auf Küchenpapier gut abtropfen lassen.

Die Wallerschnitten auf einer Platte anrichten und mit Zitronenspalten servieren.

Zander-Wan-Tans mit süßsaurer Sauce

Der Zander hat ein besonders mageres weißes Fleisch und schmeckt mit frischen Kräutern einfach köstlich. In meinem Rezept frittiere ich die Wan Tans, aus China stammende Teigtaschen, aber sie eignen sich auch bestens zum Dünsten.

FÜR 4 PERSONEN

FÜR DIE FÜLLE

50 g Zanderfilet
½ Schalotte
1 TL frisch geschnittene Petersilie
1 TL Sesamöl
Salz
Pfeffer aus der Mühle

FÜR DEN TEIG

150 g Mehl, plus mehr zum Arbeiten
1 Bio-Ei

FÜR DIE SAUCE

1 kleine rote Chilischote
1 Knoblauchzehe
50 g Zucker
20 ml Balsamicoessig
Salz

AUSSERDEM

1 Bio-Eiklar
500 ml Pflanzenöl zum Frittieren

Für die Fülle das Zanderfilet waschen, trocken tupfen und sehr fein würfeln. Die Schalotte in feine Ringe schneiden. Den Fisch mit Petersilie, Schalotte, Sesamöl, Salz und Pfeffer mischen.

Für den Teig das Mehl mit 70 ml heißem Wasser und dem Ei in der Küchenmaschine glatt rühren und 30 Minuten rasten lassen.

Die Arbeitsfläche bemehlen und den Teig sehr dünn ausrollen. Daraus 4 cm große Quadrate ausschneiden, diese mit Eiklar bestreichen und jeweils 1 TL der Fischmasse daraufsetzen. Die Ecken nach oben einschlagen und verzwirbeln. Die Ränder dabei gut festdrücken.

Das Frittieröl in einem Topf erhitzen und die Wan Tans im heißen Öl goldbraun ausbacken. Auf Küchenpapier abtropfen lassen.

Für die Sauce Samen und weiße Häute der Chili entfernen und die Chili klein schneiden. Den Knoblauch klein hacken und beides in eine Schüssel geben. Zucker, Essig und 50 ml Wasser dazugeben und alles gut mischen. Mit Salz abschmecken.

Die Zander-Wan-Tans auf einem Teller anrichten und die süßsaure Sauce in einem Schälchen dazureichen.

Lachsforellen-Baguette

Die Lachsforelle ist keine eigene Fischgattung, es handelt sich dabei in unseren Regionen um Bach-, See- oder Regenbogenforellen, die aufgrund ihrer Nahrung ein lachsfarbenes Fleisch bekommen.

FÜR 4 PERSONEN

50 g Wassermelone ohne Schale
1 Salatgurke
natives Olivenöl extra
frisch gepresster Saft von 1 Zitrone
2 TL frisch geschnittene Minze
Salz
Pfeffer aus der Mühle
1 Baguette
4 geräucherte Lachsforellen-filets

Die Wassermelone von Kernen befreien und in kleine Würfel schneiden. Die Gurke der Länge nach in dünne Scheiben hobeln. Gurke und Melone mit 1 TL Olivenöl, Zitronensaft, 1 TL Minze, Salz und Pfeffer vermengen.

Zum Servieren das Baguette in Scheiben schneiden und kurz in einer Pfanne anrösten. Danach mit etwas gutem Olivenöl beträufeln und mit marinierter Gurke und Melone belegen. Die Lachsforellenfilets daraufsetzen und mit der restlichen Minze bestreuen.

Forelle nordischer Art

Dieses Rezept lehnt sich ein bisschen an den klassischen Hering an. Pikant, sauer, süßlich und salzig schmecken diese eingelegten Fische – ein Genuss besonders nach einer langen feucht-fröhlichen Nacht.

FÜR 4 PERSONEN

4 Forellenfilets
1 TL Olivenöl
½ weiße Zwiebel
1 TL Gin
125 ml Weinessig
1 EL brauner Zucker
Salz
1 Lorbeerblatt
1 EL Senfkörner
Sauerrahm zum Servieren
natives Olivenöl extra zum Servieren

Die Forellenfilets in rechteckige Stücke schneiden und in einer Pfanne in Olivenöl 3 Minuten dünsten, dann auskühlen lassen. Die Zwiebel klein würfeln.

Für den Sud 125 ml Wasser mit Gin und Essig in einem Topf zum Kochen bringen und darin braunen Zucker sowie etwas Salz auflösen. Lorbeerblatt, Senfkörner und Zwiebel dazugeben und nochmals aufkochen. Den Topf vom Herd nehmen, den abgekühlten Fisch in den heißen Sud legen und abgedeckt 2–3 Tage im Kühlschrank marinieren lassen.

Zum Servieren etwas Sauerrahm in kleine Schalen klecksen, mit Olivenöl beträufeln und den marinierten Fisch darauf platzieren. Mit sauren Zwiebeln und Senfkörnern garnieren.

Geräucherte Forelle mit Krenschaum und Apfel

Räucherfisch hat in Österreich eine lange Tradition, doch in den letzten Jahren hat man das Räuchern auf viele verschiedene Arten noch verfeinert: Man räuchert die Fische kalt oder warm, auf unterschiedlichen Holzarten und mit speziellen Aromen.

FÜR 4 PERSONEN

1 geräucherte Forelle
125 g Schlagobers
4 EL Kren (aus dem Glas)
Salz
weißer Pfeffer aus der Mühle
1 großer Apfel
1 Jungzwiebel

Die Forellenfilets vorsichtig herauslösen, die Haut entfernen und alle Gräten gründlich ziehen.

Für den Schaum das Schlagobers mit dem Handrührgerät steif schlagen, dann Kren, etwas Salz und Pfeffer vorsichtig untermischen.

Den Apfel entkernen und mit der Jungzwiebel in dünne Scheiben bzw. Ringe schneiden.

Zum Servieren die Apfelscheiben auf einer Platte anrichten, den Oberskren mit einem Löffel daraufsetzen und mit dem gezupften Fisch belegen. Mit Jungzwiebelröllchen garnieren und etwas Pfeffer frisch darüberstäuben.

TIPP:

Wenn Sie die Möglichkeit haben, eine ganze geräucherte Forelle zu kaufen, nutzen Sie diese, denn sie ist aromatischer. Aber natürlich kann man diese Tapas auch mit geräuchertem Forellenfilet zubereiten.

Ofenerdäpfel mit Räucherfisch und Aioli

Ofenerdäpfel kann man sowohl in die heiße Grillkohle legen als auch sehr gut im Rohr zubereiten. Nachdem die Erdäpfel weich gegart sind, werden sie zur Hälfte eingeschnitten und vorsichtig auseinandergezogen. So kann man sie gut füllen und belegen.

FÜR 4 PERSONEN

1 geräucherter Fisch (z. B. Forelle, Saibling)
4 kleine mehlige Erdäpfel
Salz
1 EL Olivenöl
Pfeffer aus der Mühle
frisch geschnittener Schnittlauch zum Bestreuen

FÜR DIE AIOLI

1 Knoblauchzehe
250 g Sauerrahm
1 EL Crème fraîche
frisch gepresster Saft von ½ Zitrone

Die Grillfunktion des Backrohrs vorheizen. Den geräucherten Fisch filetieren, von Haut und Gräten befreien und die Filets in längliche Stücke schneiden.

Die Erdäpfel waschen, in einen Topf mit kaltem Salzwasser geben, erhitzen und ein paar Minuten weich kochen. Dann abgießen, auskühlen lassen und mit Olivenöl bestreichen. Leicht salzen, pfeffern, in Aluminiumfolie wickeln und unter dem Grill im Backrohr knusprig werden lassen. Mit einem spitzen Messer überpüfen, ob die Kartoffeln gar sind.

Für die Aioli den Knoblauch pressen. Sauerrahm und Crème fraîche verrühren und Knoblauch sowie Zitronensaft untermischen.

Zum Servieren die Folie öffnen (Achtung, heiß!), die Erdäpfel zur Hälfte einschneiden und vorsichtig auseinanderziehen. Etwas Aioli hineinfüllen, den Raucherfisch darauflegen und mit Schnittlauchröllchen garnieren.

Süßwasserfischsalat

Leicht und mal was anderes für laue Sommerabende, zum Genießen mit Freunden auf der Terrasse oder im Garten. Der Fantasie bei der Auswahl von Salaten, Kräutern und Gemüse sind lediglich durch deren saisonale Verfügbarkeit Grenzen gesetzt.

FÜR 4 PERSONEN

FÜR DEN SALAT

100 g geräuchertes Süßwasserfischfilet (z. B. Forelle oder Saibling)
1 Paradeiser
1 Fenchelknolle
1 Granatapfel
1 Avocado
2 Handvoll Zupfsalatblätter
Dillespitzen zum Garnieren

FÜR DAS DRESSING

1 EL Weißweinessig
4 EL natives Olivenöl extra
frisch gepresster Saft von ½ Zitrone
Salz
Pfeffer aus der Mühle

Das Fischfilet auf Gräten prüfen, gegebenenfalls entfernen und das Filet in längliche Streifen schneiden.

Paradeiser und Fenchel klein schneiden, den Granatapfel vorsichtig aufschneiden und die knackigen Kerne herauslösen. Die Avocado halbieren, den Kern entfernen, das Fruchtfleisch aus der Schale lösen und würfeln. Alles in eine Schüssel geben. Die Fischstücke untermischen.

Aus Essig, Olivenöl, Zitronensaft, Salz und Pfeffer ein Dressing anrühren.

Ein paar Salatblätter auf kleinen Tellern verteilen und den Fischsalat darauf anrichten. Das Dressing darüberträufeln und den Salat mit Dillespitzen garnieren.

Alpengambas fritas in Tempurateig mit Orangen-Kapern-Dip

Garnelen werden seit einigen Jahren in unserem alpinen Bundesland Tirol gezüchtet, daher habe ich dieses Gericht in dieses Kochbuch aufgenommen. Kaum zu glauben, aber die Qualität dieser »heimischen« Garnelen ist einfach eine Wucht.

FÜR 4 PERSONEN

12 Riesengarnelen
1 l Pflanzenöl zum Frittieren

FÜR DEN TEIG

70 ml kaltes Mineralwasser
1 Bio-Ei
½ TL Salz
100 g Tempuramehl

FÜR DEN DIP

Schale von 1 unbehandelten Bio-Orange
2 EL Kapern
125 g Sauerrahm
Salz
Pfeffer aus der Mühle

Für den Teig Mineralwasser mit Ei und Salz verquirlen, das Tempuramehl dazugeben und glatt rühren – jedoch nicht zu lange rühren, damit der Teig nicht zusammenfällt. Etwa 1 Stunde kühl stellen.

Die Garnelen putzen, von den Schalen befreien und, falls nötig, den Darm entfernen. Das Pflanzenöl in einem hohen Topf erhitzen. Die Garnelen durch den Tempurateig ziehen und im heißen Öl goldbraun frittieren.

Die Orangenschale erst in dünne Streifen schneiden, dann in kleine Stücke teilen. Die Kapern fein hacken. Den Sauerrahm in eine Schale geben, Orangenzesten und Kapern untermischen und den Dip mit Salz und Pfeffer abschmecken.

Die frittierten Garnelen dekorativ in einer Schale anrichten und den Orangen-Kapern-Dip separat dazureichen.

Spicy Garnelen mit Knoblauch und Olivenöl

Typische Tapas, an die ich mich gerne erinnere, wenn ich an einen traumhaften Urlaub auf Mallorca zurückdenke. Wir hatten oft das Glück, bei lieben Freunden auf dieser herrlichen Insel unterzukommen, und es gab in Palma ein hervorragendes Tapaslokal, an dem wir einfach nie vorbeigehen konnten.

FÜR 4 PERSONEN

200 g kleine Garnelen
2 Knoblauchzehen
1 kleine rote Chilischote
5 EL Olivenöl
1 EL frisch geschnittene Petersilie
1 Prise Salz
Pfeffer aus der Mühle
1 Spritzer Zitronensaft
Weißbrot zum Servieren

Die Garnelen putzen, von den Schalen befreien und, falls nötig, den Darm entfernen. Den Knoblauch blättrig schneiden. Samen und weiße Häute der Chili entfernen und die Chili klein schneiden.

In einer kleinen Pfanne das Olivenöl erhitzen. Knoblauch und Petersilie zusammen mit den Garnelen ins heiße Öl geben und braten, dabei immer wieder mit einem Löffel umrühren. Salz, Pfeffer und Chili nach Schärfewunsch untermischen.

Die Garnelen mit etwas Zitronensaft beträufeln und ganz klassisch mit einem guten Weißbrot servieren.

Schnecken mit Knoblauch-Kräuter-Butter

In Österreich gibt es sehr erfolgreiche Schneckenzüchter, aber natürlich kann man für diese Tapas auch Schnecken aus der Dose nehmen. Für die Zubereitung gibt es eigene Schneckenpfannen, wie ich sie hier benutze, aber man kann auch auf einem Spaziergang die Augen nach großen leeren Schneckenhäusern offen halten, diese einsammeln, zu Hause gut reinigen und für dieses Rezept mit je einer Schnecke sowie Kräuterbutter füllen.

FÜR 4 PERSONEN

24 Weinbergschnecken (küchenfertig)
50 g weiche Butter
1 Schuss Pastis (Anis-Spirituose)
Weißbrot zum Servieren

FÜR DIE KRÄUTERBUTTER

1 Bund Petersilie
3 Knoblauchzehen
100 g weiche Butter
Salz
Pfeffer aus der Mühle

Das Backrohr auf 200 °C (Ober-/Unterhitze) vorheizen.

Für die Kräuterbutter die Petersilie fein schneiden und den Knoblauch pressen. Die Butter in einer Schale mit Petersilie und Knoblauch vermischen und mit Salz und Pfeffer abschmecken.

Die Weinbergschnecken waschen und gut trocken tupfen. In einer Pfanne die Butter erhitzen, die trockenen Schnecken darin anbraten und mit einem Schuss Pastis ablöschen. Jeweils eine Schnecke in eine Mulde der Schneckenpfanne legen und mit Kräuterbutter bis zum Rand auffüllen. Die Weinbergschnecken im vorgeheizten Rohr 15 Minuten backen.

Zum Servieren die Schneckenpfanne auf den Tisch stellen und reichlich frisches Weißbrot dazureichen, um die herrliche Knoblauch-Kräuter-Butter auftunken zu können.

Liptaueraufstrich
Kalte Gurkensuppe
Käsepralinen
Schafmilch-Mozzarella mit Salbeihonig
Maisschnitten mit Roter Rübe, Schafskäse und Limoncelloöl
Flammkuchen mit Brie und Birnen
Gebackene Emmentalerhappen mit Preiselbeeren
Tiroler Kasspätzle mit gerösteten Zwiebeln
Linsenfritter mit Gorgonzola und Fenchelpesto
Basilikumrösti mit Avocadosalsa
Erdäpfelgulasch
Rosmarinpuffer mit Morcheln
Käsekroketten
Kärntner Nudeln
Rucolapalatschinken mit Miso-Koriander-Topfen
Palatschinkenröllchen mit gerösteten Eierschwammerln und Béchamelsauce
Spinatknödel mit geräuchertem Ricotta
Gebackene Champignons mit Sauce tartare
Gratinierter Karfiol
Grüner-Spargel-Frittata mit schwarzem Sesam
Eierspeisentoast mit Kernöl und gerösteten Kürbiskernen
Verlorene Wachteleier im Käsefondue
Krautfleckerl
Hadnsterz mit Parmesan und Schnittlauch

VEGETARISCHES

286
Karfiol
4,50
kg

Stir. 321
Kren
8-

Liptaueraufstrich

Der Aufstrich unter den Aufstrichen kommt aus der slowakisch-ungarischen Ecke, daher verwundert es nicht, dass kräftig Paprika darin verwendet wird. Am besten gelingt er, wenn man einen Bröseltopfen verwendet, der mit Sauerrahm abgemischt sämig und geschmeidig wird.

FÜR 4 PERSONEN

50 g weiche Butter
250 g Brösel- oder Bauerntopfen
2 EL Sauerrahm
1 rote Paprikaschote
50 g Zwiebel
1 Essiggurke
1 TL Kapern
1 EL edelsüßes Paprikapulver
Salz
Pfeffer aus der Mühle
1 TL Kümmelsamen
1 TL Sardellenpaste
Weißbrot oder Baguette zum Servieren

Die Butter glatt rühren, Topfen und Sauerrahm dazumischen. Strunk, weiße Innenhäute und Samen der Paprika entfernen. Zwiebel, Essiggurke, Paprika und Kapern klein schneiden und unter den Topfen rühren. Mit Paprikapulver, Salz, Pfeffer, Kümmel und Sardellenpaste abschmecken.

Den Liptaueraufstrich dick auf aufgeschnittenem Weißbrot oder Baguette servieren.

Kalte Gurkensuppe

Diese Suppe hat es aus der Türkei zu uns geschafft. Bei meinem Rezept handelt es sich um die klassische Variante, in der kaltes Joghurt, Dille und Knoblauch zu finden sind. Gebratene Scampi oder Räucherfisch eignen sich sehr gut zum Kombinieren und sind eine Köstlichkeit für heiße Sommertage.

FÜR 4 PERSONEN

1 Stängel Dille, plus Dillespitzen zum Servieren
1 Salatgurke
1 Knoblauchzehe
250 g Naturjoghurt
125 g Sauerrahm
Salz
weißer Pfeffer aus der Mühle

Dille klein schneiden. Die Gurke der Länge nach halbieren und die Kerne mit einem Löffel herausschaben. Nun die Gurke in Stücke schneiden, alle restlichen Zutaten dazugeben, würzen und mit dem Pürierstab fein mixen. Mindestens 1 Stunde kalt stellen und vor dem Servieren nochmals mit Salz und Pfeffer abschmecken.

Die Gurkensuppe in kleine Gläser oder Schälchen füllen und mit Dillespitzen garnieren.

Käsepralinen

Pralinen müssen nicht immer süß sein. Diese herzhaften hier sind ganz einfach zu machen und auf jeden Fall ein Hingucker, denn durch die unterschiedlichen Ummantelungen sehen sie vielfältig und bunt aus. Dazu getoastetes Schwarzbrot und fertig ist diese kleine Tapa.

FÜR 4 PERSONEN

50 g Blauschimmelkäse
100 g Frischkäse
1 TL Weißwein
Salz
Pfeffer aus der Mühle
Cracker oder Schwarzbrot zum Servieren

FÜR DIE MÄNTEL

Paprikapulver
schwarze oder weiße Sesamsamen
frisch geschnittener Schnittlauch
fein gehackte Mandelblättchen
fein gehackte Pistazienkerne

Den Blauschimmelkäse mit einer Gabel zerdrücken. Frischkäse, Wein, Salz und Pfeffer untermischen und abschmecken. Aus der Käsemasse mit feuchten Händen kleine Kugeln formen.

Die Kugeln nach Belieben in den unterschiedlichen Gewürzen, Samen, Kräutern oder Nüssen wälzen und mit Crackern oder getoastetem Schwarzbrot servieren.

Schafmilch-Mozzarella mit Salbeihonig

Unsere Schafskäsebauern sind wirklich großartig. Auf den Wochenmärkten ist ein breites Angebot an Produkten aus Schafmilch erhältlich, und ich liebe einfach den Mozzarella vom Schaf, besonders in der Kombination mit Honig. Durch den Zimt und die Nelke wirkt diese Version etwas exotisch und ist eine schöne Abwechslung zur klassischen Variante mit Paradeisern.

FÜR 4 PERSONEN

- 60 g Butter
- 1 kleine Handvoll Salbeiblätter
- 4 EL Honig
- 1 TL fein geschnittener Rosmarin
- 1 Prise Zimtpulver
- 1 Gewürznelke
- 2 Mozzarella vom Schaf

Die Butter in einer Pfanne zerlassen und die Salbeiblätter darin knusprig anbraten. Auf Küchenpapier gut entfetten. Den Honig in einem Topf ganz leicht erhitzen. Salbeiblätter, Rosmarin, Zimt und Gewürznelke dazugeben und 5 Minuten ziehen lassen.

Den Schafsmozzarella in Würfel schneiden, auf einem Servierteller anrichten und mit dem Salbeihonig beträufeln.

TIPP:

Sollten Sie keinen Mozzarella vom Schaf bekommen, schmeckt diese Tapa auch mit herkömmlichem Mozzarella sehr gut.

Maisschnitten mit Roter Rübe, Schafskäse und Limoncelloöl

Mais, in Süd- und Ostösterreich auch Kukuruz genannt, war in früheren Zeiten schon oft in Verwendung und gewann in den letzten Jahren wieder an Bedeutung. Mit mehr Flüssigkeit kann Maisgrieß gerührt und ähnlich einem Püree gemacht werden, oder man lässt ihn hart werden und brät ihn in der Pfanne.

FÜR 4 PERSONEN

FÜR DIE SCHNITTEN

250 ml Milch
1 Prise Salz
70 g Maisgrieß
30 g frisch geriebener Parmesan
1 EL Butter
Pfeffer aus der Mühle
frisch geriebene Muskatnuss
Pflanzenöl

FÜR DAS GEMÜSE

1 Rote Rübe
1 Schalotte
4 EL Olivenöl
1 Gewürznelke
1 Prise Zimtpulver
1 Prise Zucker
1 TL frisch gepresster Zitronensaft
125 ml Gemüsebrühe

ZUM SERVIEREN

80 g Schafskäse
Limoncelloöl

Für die Maisschnitten die Milch mit Salz aufkochen und den Maisgrieß langsam einrieseln lassen, dabei mit einem Holzlöffel ständig rühren. Die Temperatur auf kleinste Stufe reduzieren, einen passenden Deckel auf den Topf setzen und den Grieß 20 Minuten quellen lassen. Den Parmesan zusammen mit Butter und Gewürzen unterrühren und abschmecken. Ein Backblech mit Pflanzenöl fetten, die Masse etwa 2 cm dick aufstreichen und auskühlen lassen. Die Maismasse anschließend in Scheiben schneiden und diese portionsweise in einer Pfanne in etwas Pflanzenöl 5 Minuten beidseitig goldbraun braten.

Die Rote Rübe mit Handschuhen (um rote Handflächen zu vermeiden) schälen und klein würfeln. Die Schalotte ebenfalls klein schneiden. In einer Pfanne das Olivenöl erhitzen und die Schalotte darin glasig anschwitzen. Rote Rübe, Gewürze, Zucker sowie Zitronensaft dazugeben, mit der Gemüsebrühe aufgießen und 20 Minuten leicht köcheln lassen.

Den Schafskäse in beliebige Stücke schneiden (z. B. eckig oder in Scheiben) oder zerbröseln.

Die gebratenen Maisschnitten mit der Roten Rübe anrichten und diese mit Schafskäse bestreuen. Vor dem Servieren einen Faden gutes Limoncelloöl darüberziehen.

TIPP:

Natürlich können Sie auch ein gutes Olivenöl verwenden, wenn Sie kein Limoncelloöl zur Hand haben.

Flammkuchen mit Brie und Birnen

Flammkuchenteig ist ein sehr dünn ausgewalkter Brotteig. Ich könnte hier natürlich das Rezept für den Teig aufschreiben, aber ehrlicherweise verwende ich den hervorragenden (tief-) gekühlten fertigen Teig aus dem Supermarkt. Ob Strudel-, Blätter- oder Flammkuchenteig – ich denke, da greifen wir fast alle zu den fertigen Produkten.

FÜR 4 PERSONEN

1 Birne
150 g Briekäse
1 Handvoll Walnusskerne
1 Pck. Flammkuchenteig (aus dem Kühl- oder Tiefkühlregal)
150 g Streichkäse
1 EL Honig
1 TL frisch geschnittener Thymian
Salz
Pfeffer aus der Mühle

Das Backrohr laut Packungsangabe des Teigs vorheizen.

Die Birne vierteln, Kerngehäuse entfernen und die Frucht ebenso wie den Briekäse in dünne Scheiben schneiden. Die Walnüsse hacken.

Den Flammkuchenteig ausrollen und mit dem Streichkäse bestreichen. Erst mit Birnenscheiben, dann mit Brie belegen. Den belegten Teig im vorgeheizten Rohr goldbraun backen. Den Flammkuchen herausnehmen und mit Honig beträufeln. Thymian und Walnüsse darüberstreuen und alles mit Salz und Pfeffer würzen.

Den Flammkuchen in Stücke schneiden und auf einer Platte servieren.

Gebackene Emmentalerhappen mit Preiselbeeren

Ein Klassiker in Österreich! Man kann auch Briekäse dafür verwenden, der etwas milder als der würzige Emmentaler ist. Mit Preiselbeeren oder einer Sauce tartare ist dieses Gericht sehr beliebt.

FÜR 4 PERSONEN

2 Bio-Eier
Salz
250 g Emmentaler
100 g Mehl
Pflanzenöl zum Frittieren
100 g Semmelbrösel
Preiselbeermarmelade oder Sauce tartare (siehe S. 148) zum Servieren

Die Eier in einer Schale verquirlen und leicht salzen. Den Emmentaler in 2 cm große Würfel schneiden und im Mehl wenden. Danach durch die Eier, die Brösel und nochmals durch Eier sowie Brösel ziehen, damit der Käse beim Backen in der heißen Pfanne nicht ausrinnt.

In einer hohen Pfanne reichlich Pflanzenöl stark erhitzen und die Käsewürfel darin ausbacken. Darauf achten, dass das Öl nicht zu heiß ist und der Käse nicht aus der Panier rinnt. Herausnehmen und auf Küchenpapier abtropfen lassen.

Die gebackenen Käsewürfel mit Preiselbeermarmelade oder Sauce tartare servieren.

Tiroler Kasspätzle mit gerösteten Zwiebeln

Mit dieser Speise verbinde ich schöne Skiurlaube im Kitzbüheler Raum. Wichtig hierbei ist, dass der Käse schön schmilzt und die Zwiebelringe besonders knusprig sind. Nicht unbedingt leicht für den Magen, aber mit einem guten Schnaps hinterher etwas Herrliches.

FÜR 4 PERSONEN

FÜR DIE SPÄTZLE

250 g Spätzlemehl
80 ml Milch
3 Bio-Eier
Salz
1 EL Sonnenblumenöl
1 Prise frisch geriebene Muskatnuss

FÜR DIE RÖSTZWIEBELN

2 Zwiebeln
80 g Mehl
2 EL Butter

AUSSERDEM

1 Zwiebel
2 EL Butter, plus mehr für die Form
250 g Bergkäse
2 EL frisch geschnittener Schnittlauch

Für die Spätzle Mehl, Milch, Eier, 1 EL Salz, Öl und Muskatnuss vermischen und den Teig 10 Minuten rasten lassen. Dann 2 l Salzwasser in einem großen Topf zum Kochen bringen und die Spätzlemasse portionsweise mit einer Nockerlreibe ins Wasser tropfen lassen. Mit einem Kochlöffel vorsichtig umrühren, damit die Spätzle nicht zusammenkleben. Wenn sie obenauf schwimmen, die Spätzle mit einer Schaumkelle vorsichtig abschöpfen und kalt abschrecken, um den Garprozess zu unterbrechen.

Das Backrohr auf 180 °C (Ober-/Unterhitze) vorheizen.

Die Zwiebeln klein schneiden und in einer Pfanne in 2 EL Butter goldbraun anbraten. Den Bergkäse grob reiben. Eine ofenfeste Form mit Butter ausstreichen, die Spätzle hineinfüllen und gebräunte Zwiebel sowie Käse untermischen. Die Spätzle ins vorgeheizte Rohr geben und 10 Minuten backen.

In der Zwischenzeit für die Röstzwiebeln die Zwiebeln in dünne Ringe schneiden und in Mehl wenden. Die Butter in einer Pfanne zerlassen und die Zwiebelringe darin goldbraun rösten.

Die Spätzle aus dem Rohr nehmen, mit Röstzwiebeln sowie Schnittlauch bestreuen und direkt aus der Form heraus servieren.

Linsenfritter mit Gorgonzola und Fenchelpesto

Linsen sind beliebte Hülsenfrüchte in Österreich. Als Salat oder Beilage mit Speck sind sie oft auf den Speisekarten zu finden. Aber warum nicht einmal panieren und frittieren? So ist dieses köstliche Rezept entstanden, das durch den Gorgonzola einen pikanten Hauch bekommt; das Fenchelpesto dazu ist eine interessante Ergänzung.

FÜR 4 PERSONEN

FÜR DIE FRITTER

150 g braune Linsen
Salz
2 Jungzwiebeln
1 Knoblauchzehe
1 TL frisch geschnittene Petersilie
50 g Gorgonzola
10 g Maisgrieß
Pfeffer aus der Mühle
2 Bio-Eier
100 g Mehl
100 g Semmelbrösel
Pflanzenöl zum Frittieren

FÜR DAS PESTO

2 Fenchelknollen
1 Vanilleschote
ca. 3 EL Olivenöl
20 g getrocknete Paradeiser
20 g Walnusskerne
Salz

Für die Fritter die Linsen nach Packungsangabe in Salzwasser weich kochen, dann abseihen und pürieren. Die Jungzwiebeln fein hacken, den Knoblauch pressen und beides zusammen mit der Petersilie unter das Linsenpüree mischen. Den Gorgonzola in kleine Würfel schneiden und zusammen mit dem Maisgrieß unterheben. Mit Salz und Pfeffer abschmecken.

Die Eier verquirlen und leicht salzen. Aus der Linsenmasse kleine Bällchen oder Taler formen und diese in Mehl, Ei und Semmelbröseln panieren. In einer hohen Pfanne reichlich Pflanzenöl erhitzen und die Linsenbällchen darin goldbraun ausbacken.

Das Backrohr auf 180 °C (Ober-/Unterhitze) vorheizen.

Für das Pesto den Fenchel putzen und in kleine Stücke schneiden. Das Fenchelgrün für die Dekoration beiseitelegen. Ein Backblech mit Backpapier auslegen und die Fenchelstücke darauflegen. Die Vanilleschote längs aufschneiden, das Mark herauskratzen und auf dem Fenchel verteilen. Einen Faden Olivenöl darüberträufeln und den Fenchel im vorgeheizten Rohr 1 Stunde sehr weich garen. Anschließend in eine Schüssel füllen und mit dem Pürierstab mixen. Olivenöl langsam einfließen lassen, bis die gewünschte Konsistenz erreicht ist.

Paradeiser und Walnüsse sehr klein schneiden, zum Fenchelpesto geben und mit Salz abschmecken.

Die frittierten Linsenbällchen auf einem Teller anrichten. Das Fenchelpesto separat reichen und mit dem beiseitegelegten Fenchelgrün dekorieren.

Basilikumrösti mit Avocadosalsa

Was in Deutschland Kartoffeln heißt, sind in Österreich Erdäpfel. Eigentlich eine recht logische Bezeichnung, gleichen sie doch irgendwie Äpfeln, die aber unter der Erde wachsen. Interessanterweise sind sie nicht mit Süßkartoffeln verwandt, sondern gehören zur Familie der Nachtschattengewächse. Rösti, also gekochte oder rohe und aufgeraspelte Erdäpfel, die in einer Pfanne in heißer Butter oder Fett herausgebacken werden, sind aus der österreichischen Küche nicht wegzudenken.

FÜR 4 PERSONEN

FÜR DIE RÖSTI

250 g speckige Erdäpfel
1 Bio-Ei
Salz
2 EL frisch geschnittene Basilikumblätter
1 EL Schmalz

FÜR DIE SALSA

1 Avocado
1 Paradeiser
das Weiße von 1 Jungzwiebel
1 Knoblauchzehe
1 kleine rote Chilischote (nach Belieben)
Salz
Pfeffer aus der Mühle
1 Spritzer natives Olivenöl extra

Die Erdäpfel schälen und mit einem Krenreißer grob raspeln. In ein Küchentuch geben und fest ausdrücken, sodass die Erdäpfel möglichst trocken werden. Mit Ei, etwas Salz sowie Basilikum vermengen. Das Schmalz in einer Pfanne erhitzen und die Erdäpfelmasse darin portionsweise in gewünschter Größe zu Puffern formen. Beidseitig knusprig braten, dann herausnehmen und auf Küchenpapier abtropfen lassen.

Die Avocado halbieren, den Kern entfernen und das Fruchtfleisch aus der Schale lösen. Zusammen mit dem Paradeiser klein würfeln. Den weißen Teil der Jungzwiebel sowie Knoblauch ebenfalls klein schneiden und untermischen. Samen und weiße Häute der Chili entfernen, die Chili klein schneiden und je nach gewünschter Schärfe dazugeben. Mit Salz und Pfeffer würzen. Das Olivenöl dazugeben und gut verrühren.

Die Basilikumrösti aufstapeln und mit der Salsa krönen. Etwas Pfeffer frisch darübermahlen.

Erdäpfelgulasch

Einfach, gut, aber selten zu Hause gekocht. Ich habe es bei mir am Marktstand sehr gerne angeboten, da es auch nicht vegetarisch zubereitet werden kann. Dafür habe ich eine Braunschweiger Wurst in dünne Radeln geschnitten, diese geviertelt und vorab in einer Pfanne knusprig gebraten. Wurde das Gulasch dann fleischig bestellt, konnte ich die Wurstecken perfekt untermischen. Ein Klacks Sauerrahm rundet dieses Gericht herrlich ab.

FÜR 4 PERSONEN

150 g speckige Erdäpfel
150 g mehlige Erdäpfel
1 Zwiebel
1 Knoblauchzehe
1 EL Butter
1 TL edelsüßes Paprikapulver
1 EL Paradeisermark
500 ml Gemüsebrühe
Salz
1 TL getrockneter Majoran
Sauerrahm zum Servieren
frisch geschnittene Petersilie zum Bestreuen

Die Erdäpfel schälen und in mittelgroße Stücke schneiden. Die Zwiebel nicht zu klein würfeln. Den Knoblauch durch die Presse drücken.

In einem tiefen Topf die Butter erhitzen und die Zwiebel darin anrösten. Paprikapulver, Paradeisermark und Knoblauch dazugeben und zügig mit der Gemüsebrühe aufgießen. Vorsichtig salzen und den Majoran hinzufügen.

Nun alle Erdäpfel in die Brühe geben und weich dünsten, anschließend durch ein Sieb abseihen und dabei die Flüssigkeit in einer Schüssel auffangen. Mit einem Erdäpfelstampfer die Erdäpfel zerdrücken. Die speckigen Erdäpfel sollten noch in Stücken zu sehen und die mehligen Erdäpfel zerstampft sein. Das Erdäpfelgulasch mit der aufgefangenen Erdäpfelbrühe auf die gewünschte Konsistenz bringen.

Das Erdäpfelgulasch in einem tiefen Teller oder einer Schale anrichten und mit einem Klecks Sauerrahm, bestreut mit Petersilie und Paprikapulver, servieren.

Rosmarinpuffer mit Morcheln

Morcheln sind die ersten Pilze, die ich im Jahr finde. Sie wachsen im Frühling auf sandigen Böden unter Laubbäumen – und es ist wirklich schwer, sie zu sehen, da sie sich gerne unter den frischen Trieben von Gras und Brennnesseln verstecken.

FÜR 4 PERSONEN

FÜR DIE PUFFER

1 Knoblauchzehe
500 g speckige Erdäpfel
2 Bio-Eier
Salz
1 EL fein geschnittener Rosmarin
Pflanzenöl

FÜR DIE SAUCE

1 Schalotte
1 TL Butter
500 g Morcheln
1 EL frisch geschnittene Petersilie
Salz
weißer Pfeffer aus der Mühle
1 EL Wermut
125 g Schlagobers

Für die Puffer den Knoblauch pressen. Die Erdäpfel schälen und mit einem Krenreißer raspeln. In ein Küchentuch geben und fest ausdrücken, sodass möglichst wenig Flüssigkeit in der Masse verbleibt. Nun Eier, Salz, Knoblauch und Rosmarin untermengen.

In einer Pfanne etwas Pflanzenöl erhitzen, die Erdäpfelmasse portionsweise in beliebiger Form hineingeben und mit der Löffelrückseite ein bisschen niederdrücken. Die Puffer von beiden Seiten goldgelb braten, dann herausnehmen und auf Küchenpapier abtropfen lassen.

Für die Sauce die Schalotte klein schneiden und in einer Pfanne in der Butter anschwitzen. Die Morcheln putzen, halbieren, dazugeben und mitrösten. Petersilie, Salz und weißen Pfeffer untermischen und alles mit Wermut ablöschen. Wenn der Alkohol verdampft ist, das Schlagobers dazugießen und die Morchelsauce 5 Minuten einkochen, damit sie sämig wird.

Zum Servieren die Rosmarinpuffer auf kleinen Tellern anrichten und die Morchelsauce anschöpfen.

TIPP:

Wenn es die Jahreszeit erlaubt, nehme ich für dieses Rezept stets frische Morcheln. Ansonsten kann man auch getrocknete Morcheln verwenden, die vor Gebrauch in lauwarmem Wasser eingeweicht werden. Das Wasser wechselt man drei- oder viermal, bis es sich nicht mehr braun färbt.

Käsekroketten

Einfach immer gut, egal ob als Beilage zu Wild nur aus Erdäpfeln zubereitet oder mit Käse als eigene Speise: Kroketten werden in der Regel paniert und frittiert und haben diese typische Rollenform.

FÜR 4 PERSONEN

250 g mehlige Erdäpfel
Salz
3 Bio-Eier
100 g Semmelbrösel
40 g sehr weiche Butter
50 g frisch geriebener Parmesan
1 Msp. frisch geriebene Muskatnuss
100 g Mehl
Pflanzenöl zum Frittieren

Die Erdäpfel schälen, halbieren, in kaltes Salzwasser legen, erhitzen und weich kochen. Die gegarten Erdäpfel abgießen und entweder über Nacht stehen lassen oder 15 Minuten im warmen Rohr trocknen bzw. ausdampfen lassen. Anschließend zweimal pressen, dann gut mit einem Ei, 1 EL Semmelbröseln, Butter und Parmesan vermengen. Mit Salz und Muskatnuss abschmecken.

Die restlichen zwei Eier verquirlen und leicht salzen. Aus der Erdäpfelmasse Kroketten formen und diese in Mehl, Ei und restlichen Bröseln panieren. Reichlich Pflanzenöl stark erhitzen und die Kroketten darin goldbraun ausbacken.

Die Kroketten in Gläsern, Bechern oder hohen Schälchen servieren.

Kärntner Nudeln

Kärntner Nudeln oder Kärntner Nudel? Das wird immer wieder besprochen, denn die Einzahl bedeutet hier nicht, dass man nur eine Nudel bekommt. Oft werden sie auch als Kasnudeln bezeichnet. Je nach Region unterscheidet sich die Zubereitung der Fülle. Topfen ist immer drin, zum Binden werden Brein – so wird bei uns die Hirse genannt – oder Erdäpfel verwendet. In Oberkärnten sind sie etwas größer und der Rand wird gekrendelt, in Unterkärnten ausgeradelt. Kärntner Nudeln können auch als Süßspeise gemacht werden – dafür habe ich ein Rezept im süßen Teil dieses Buchs angeführt (siehe S. 183), wo ich auch das Krendeln erkläre. Hier werden die Nudeln ausgeradelt.

FÜR 4 PERSONEN

FÜR DIE FÜLLE

1 kleine Zwiebel
1 Knoblauchzehe
1 TL Pflanzenöl
250 g mehlige Erdäpfel
50 g weiche Butter
250 g Brösel- oder Bauerntopfen
Salz
1 TL frisch geschnittene Nudelminze (Kärntner Minze)
1 TL frisch geschnittenes Kerbelkraut

FÜR DEN TEIG

250 g glattes Mehl (Type 480)
1 TL Salz
1 Bio-Ei

ZUM SERVIEREN

Semmelbrösel
braune Butter (siehe Tipp S. 161)

Für die Fülle Zwiebel und Knoblauch klein würfeln. Die Zwiebel in einer Pfanne in etwas Öl anrösten. Die Erdäpfel in einem Topf mit kaltem Wasser bedecken, erhitzen und weich kochen, anschließend abgießen, pellen und pressen. Die handwarme Butter untermengen. Den Topfen hineinbröseln, Zwiebel, Knoblauch, 1 TL Salz und Kräuter dazugeben und alles gut durchmischen.

Für den Nudelteig alle Zutaten mit 100 ml Wasser verkneten, mit einem Tuch abdecken und an einem warmen Ort 30 Minuten rasten lassen. Anschließend den Teig länglich und ca. 3 mm dick ausrollen. Aus der Topfenmasse mit einem Teelöffel kleine Kugeln (1 cm Ø) formen und im Abstand von 5 cm entlang der langen Seite des Teigs setzen. Die freie Teigseite darüberschlagen und die Ränder mit dem Handrücken gut zusammendrücken. Die einzelnen Nudeln mit einem Nudelrad ausradeln.

Die gefüllten Nudeln 15 Minuten in Salzwasser sieden. Anschließend abseihen und mit Bröseln und brauner Butter servieren.

Rucolapalatschinken mit Miso-Koriander-Topfen

Palatschinken sind in unserer Küche ein Renner. In Deutschland kennt man sie meist als Pfannkuchen. Sie können wie hier pikant oder auch klassisch süß mit Marillenmarmelade serviert werden. Der Teig ist schnell gemacht, sodass es kein Problem ist, am Abend oder spontan zum Dessert frische Palatschinken zu backen.

FÜR 4 PERSONEN

FÜR DIE PALATSCHINKEN

250 g Rucola
3 Jungzwiebeln
1 kleine rote Chilischote
125 g glattes Mehl (Type 480)
250 ml Milch
1 Bio-Ei
1 TL schwarze Sesamsamen
Salz
Pfeffer aus der Mühle
1 EL Pflanzenöl

FÜR DEN DIP

250 g Topfen
2 EL Misopaste (aus dem Asialaden)
1 Knoblauchzehe
1 TL frisch geschnittenes Koriandergrün
1 TL frisch geschnittene Basilikumblätter
Salz
Pfeffer aus der Mühle
1 Prise gemahlener Kreuzkümmel (Cumin)

Für die Palatschinken den Rucola waschen, abtropfen und klein schneiden, die Jungzwiebeln in feine Ringe schneiden. Die Chili von Samen und weißen Häuten befreien und je nach Schärfewunsch klein hacken. Ein wenig zum Dekorieren beiseitelegen.

Alle Zutaten außer das Öl zu einem sämigen Teig mixen und würzen. In einer Pfanne etwas Pflanzenöl erhitzen und den Teig in Form kleiner Palatschinken hineinschöpfen. Bei mittlerer Hitze beide Seiten hellbraun backen. Die fertigen Palatschinken auf einen vorgewärmten Teller geben und mit der restlichen Teigmasse fortfahren, bis sie aufgebraucht ist.

Für den Dip den Topfen mit der Misopaste glatt rühren. Den Knoblauch pressen und mit den Kräutern in die Topfenmasse mischen. Mit Salz, Pfeffer und Kreuzkümmel abschmecken.

Die kleinen Rucolapalatschinken stapeln, mit etwas Topfendip krönen und mit Chilistückchen garnieren. Den restlichen Dip separat dazureichen.

Palatschinkenröllchen mit gerösteten Eierschwammerln und Béchamelsauce

Dieses Gericht erinnert mich an meine Tante Heli. Sie ist eine Meisterin in der Zubereitung dieser Speise, die sich auch gut vorbereiten und einfrieren lässt, sodass man bei einem Überraschungsbesuch schnell etwas Wunderbares servieren kann. Am besten gelingen diese Palatschinken, wenn man für die Fülle kleine knackige Eierschwammerl findet.

FÜR 4 PERSONEN

FÜR DIE PILZE

250 g Eierschwammerl
1 Bund Petersilie
½ Zwiebel
1 EL Butter
Salz
Pfeffer aus der Mühle

FÜR DIE PALATSCHINKEN

125 g Mehl
250 ml Milch
1 Bio-Ei
Salz
Pflanzenöl

FÜR DIE SAUCE

250 ml Milch
20 g Butter
15 g Mehl
Salz
weißer Pfeffer aus der Mühle

AUSSERDEM

Butter und Semmelbrösel für die Form
50 g frisch geriebener Parmesan
30 g kalte Butter

Die Eierschwammerl putzen und, falls sie stark verschmutzt sind, kurz waschen. Dann gründlich trocken tupfen. Die Petersilie fein schneiden. Die Zwiebel würfeln und in einer Pfanne in der Butter glasig anschwitzen. Die trockenen Eierschwammerl sowie Petersilie dazugeben und mit Salz und Pfeffer würzen. Die Schwammerl sind fertig geröstet, wenn sie keine Flüssigkeit mehr abgeben und eine braune Farbe annehmen.

Für die Palatschinken Mehl, Milch, Ei und eine Prise Salz verquirlen. Den Teig 30 Minuten rasten lassen. In einer Pfanne etwas Pflanzenöl erhitzen und so viel Teig einfließen lassen, dass der Pfannenboden gerade dünn bedeckt ist. Bei mittlerer Hitze zuerst von der einen, dann von der anderen Seite goldbraun backen. Herausnehmen und auf einen vorgewärmten Teller legen. Mit dem restlichen Teig ebenso verfahren, bis er aufgebraucht ist.

Für die Béchamelsauce die Milch in einem Topf erwärmen. Die Butter in einem Topf zerlassen und das Mehl unter Rühren darin anschwitzen. Langsam mit der lauwarmen Milch aufgießen und unter ständigem Rühren eindicken lassen. Mit Salz und weißem Pfeffer würzen.

Fortsetzung nächste Seite

Das Backrohr auf 180 °C (Ober-/Unterhitze) vorheizen.

Eine ofenfeste Form mit Butter ausstreichen und mit Bröseln ausstreuen. Eine Palatschinke hineinlegen, etwas Eierschwammerlmasse darauf verteilen und einrollen. So weiter verfahren, bis der Formboden mit gefüllten Palatschinkenrollen bedeckt ist. Die Rollen mit der Béchamelsauce übergießen. Zum Schluss mit Parmesan und kalter Butter in Flocken bestreuen.

Die Palatschinken im vorgeheizten Rohr 30 Minuten backen. Wenn Butter und Parmesan goldbraun sind, ist das Gericht fertig.

Die Palatschinkenrollen in 4 cm breite Stücke schneiden und servieren.

Spinatknödel mit geräuchertem Ricotta

Dieses Rezept stammt von einer lieben Freundin, von der ich den Marktstand 17 übernommen hatte. Das i-Tüpferl dabei ist der geräucherte Ricotta, den man in gut sortierten italienischen Lebensmittelgeschäften bekommt.

FÜR 4 PERSONEN

125 ml Milch
350 g Semmelwürfel
Salz
500 g Blattspinat
1 Zwiebel
120 g Butter
2 Bio-Eier
1 Prise frisch geriebene Muskatnuss
4 EL Maisgrieß
20 g geräucherter Ricotta

Die Milch in einem Topf lauwarm erhitzen. Die Semmelwürfel in eine Schüssel geben, mit der Milch übergießen und ziehen lassen, bis sie weich sind. Anschließend überschüssige Milch aus der Semmelwürfelmasse gut ausdrücken.

In einem großen Topf 2 l Salzwasser zum Kochen bringen und den Blattspinat darin ganz kurz blanchieren, sodass er nur zusammenfällt. Dann abseihen und mit kaltem Wasser abschrecken, damit der Spinat seine schöne grüne Farbe behält. Mit den Händen überschüssiges Wasser gut ausdrücken.

Semmelwürfel und Spinat in eine Schüssel füllen. Die Zwiebel fein schneiden. In einer Pfanne 40 g Butter zerlassen und die Zwiebel darin glasig anschwitzen. Zwiebel, Eier, 1 EL Salz, Muskatnuss und Maisgrieß zur Spinatmasse geben und alles gut durchmischen.

Die restlichen 80 g Butter in einem kleinen Topf erhitzen und braun werden lassen (s. S. 161). Den geräucherten Ricotta grob reiben.

Im großen Topf erneut 2 l Salzwasser zum Sieden bringen, die Semmelmasse mit feuchten Händen zu kleinen Knödeln drehen und ins Wasser legen. Wenn die Knödel obenauf schwimmen, mit einer Schaumkelle herausnehmen.

Die Knödel in eine Schale setzen, mit Ricotta bestreuen und mit der braunen Butter übergießen.

TIPP:

Der geräucherte Ricotta gibt diesen Tapas eine besondere Geschmacksnote, aber natürlich kann er auch durch geriebenen Parmesan ersetzt werden

---

Gebackene Champignons mit Sauce tartare

Dieses Gericht kann man auch mit Herrenpilzen zubereiten, aber saisonal unabhängig, weil sie sich züchten lassen, sind Champignons immer zu verwenden. Sie werden gerne für Saucen zu Fleisch, Suppen oder sogar zum Befüllen verwendet. Gebackene Champignons werden oft mit einer Sauce tartare serviert und sind in Österreich sehr oft auf der Karte traditioneller Gasthäuser zu finden.

FÜR 4 PERSONEN

FÜR DIE PILZE

500 g kleine Champignons
Pflanzenöl zum Frittieren
2 Bio-Eier
Salz
Pfeffer aus der Mühle
150 g Mehl
150 g Semmelbrösel

FÜR DIE SAUCE

1 Bio-Eigelb
1 TL milder Senf
1 TL Worcestershiresauce
1 TL frisch gepresster Zitronensaft
Salz
Pfeffer aus der Mühle
2 EL Pflanzenöl
2 EL Sauerrahm
2 Essiggurken
1 TL Kapern
1 EL frisch geschnittene Petersilie

Die Champignons putzen und größere Exemplare halbieren. Reichlich Frittieröl in einer hohen Pfanne erhitzen. Die Eier mit etwas Salz und Pfeffer in einer Schale verquirlen. Die Pilze in Mehl wenden, durch das verquirlte Ei ziehen, in Bröseln wälzen und anschließend im heißen Öl goldbraun ausbacken.

Für die Sauce Eigelb, Senf, Worcestershiresauce und Zitronensaft in eine Schüssel geben. Mit Salz und Pfeffer würzen und mit dem Pürierstab mixen. Sehr langsam das Öl einfließen lassen, sodass nach und nach eine sämige Sauce entsteht. Wenn diese steif ist, den Sauerrahm unterheben. Essiggurken und Kapern klein schneiden und zusammen mit der Petersilie unter die Sauce mischen.

Die gebackenen Champignons mit der Sauce tartare servieren.

Gratinierter Karfiol

Karfiol ist die österreichische Bezeichnung für Blumenkohl. Gratinierter oder auch überkrusteter Karfiol wurde früher sehr oft in leeren Jakobsmuschelschalen serviert. Warum das so ist, konnte ich leider nicht herausfinden – aber es sieht jedenfalls interessant aus.

FÜR 4 PERSONEN

Salz
1 Kopf Karfiol
40 g Butter, plus mehr für die Form
60 g Mehl
250 ml Milch
2 Bio-Dotter
frisch gepresster Saft von 1 Zitrone
1 Msp. frisch geriebene Muskatnuss
50 g frisch geriebener Parmesan

Das Backrohr auf 180 °C (Ober-/Unterhitze) vorheizen.

Einen Topf mit Salzwasser zum Kochen bringen und den Karfiol etwa 20 Minuten darin im Ganzen kochen. Dann abseihen, abtropfen lassen und in Röschen teilen. Eine ofenfeste Form ausbuttern und die Karfiolröschen hineinlegen.

In einem Topf 1 EL Butter bräunen und das Mehl unter Rühren darin anschwitzen. Sogleich mit der Milch langsam aufgießen und immer weiter rühren. Die Dotter dazugeben und mit Zitronensaft, Muskatnuss, 1 Prise Salz und etwa der Hälfte vom geriebenen Parmesan vermischen. Die Sauce über die Röschen gießen und mit dem restlichen Parmesan bestreuen. 10 Minuten im heißen Rohr überbacken. Den gratinierten Karfiol direkt aus der Form heraus servieren.

Grüner-Spargel-Frittata mit schwarzem Sesam

Frittata kommt eigentlich aus Italien, und da ich an der Grenze zu Italien lebe und sie bei uns quasi dazugehört, habe ich die Frittata mit in dieses Buch aufgenommen. Sie ist eine Eierspeise, in die zusätzlich zu den Eiern auch noch andere Zutaten integriert werden – niemals aber Mehl!

FÜR 4 PERSONEN

50 g schwarze Sesamsamen
250 g grüner Spargel
1 kleine Zwiebel
1 Knoblauchzehe
1 EL Pflanzenöl
65 g Schlagobers
60 g frisch geriebener Parmesan
2 Bio-Eier
Salz
Pfeffer aus der Mühle
2 EL frisch geschnittene Petersilie
1 Msp. frisch geriebene Muskatnuss
30 g kalte Butter

Das Backrohr auf 180 °C (Ober-/Unterhitze) vorheizen. In einer Pfanne den schwarzen Sesam trocken rösten, dann beiseitestellen.

Das holzige Ende vom grünen Spargel abschneiden und die Stangen, falls nötig, schälen. In 2 cm große Stücke schneiden und dickere Exemplare halbieren. Die Zwiebel klein würfeln, den Knoblauch pressen.

In einer Pfanne das Pflanzenöl erhitzen und Zwiebel, Knoblauch sowie Spargel darin 8 Minuten garen. Das Schlagobers in eine Schüssel gießen, die Hälfte vom Parmesan, beide Eier, etwas Salz und Pfeffer, Petersilie sowie Muskatnuss dazugeben und alles gut verquirlen. Die Masse in die Pfanne zum Spargel geben und stocken lassen. Restlichen Parmesan sowie die Butter in Flocken darauf verteilen und die Frittata etwa 10 Minuten im vorgeheizten Rohr goldbraun backen.

Die Spargelfrittata herausnehmen, in gewünschte Stücke schneiden und mit dem gerösteten Sesam bestreuen.

Eierspeisentoast mit Kernöl und gerösteten Kürbiskernen

Im Unterschied zum Omelett wird die Eimasse für diese Eierspeise in der Pfanne mit zwei Gabeln zerrissen. In Deutschland wird die einfache Eierspeise Rührei genannt und gerne zum Frühstück zubereitet. Mit gebratenem Speck etwas deftiger oder mit Schnittlauch findet man dieses kleine Gericht auf jeder Frühstückskarte. Kernöl wird in Österreich nicht nur in der grünen Steiermark gepresst, doch war dieses Bundesland als Erstes für seine Kürbiskernpressen bekannt. Kürbiskerne eignen sich gut zum Rösten oder Karamellisieren, und auch spicy mit Chili machen sie viele Gerichte spannend.

FÜR 4 PERSONEN

1 Handvoll Kürbiskerne
2 Bio-Eier
Salz
Pfeffer aus der Mühle
1 Bund frisch geschnittener Schnittlauch
20 g Butter
ein paar dünne Scheiben Schwarzbrot
Kürbiskernöl

Die Kürbiskerne in einer Pfanne trocken rösten, bis sie duften, dann beiseitestellen und abkühlen lassen.

Eier mit Salz, Pfeffer und Schnittlauch mischen. Die Butter in einer Pfanne erhitzen und die Eiermasse hineingeben. Während des Garens mit einem Kochlöffel rühren. Sobald die Eiermasse zu stocken beginnt, diese mit zwei Gabeln zerreißen.

Das Schwarzbrot leicht toasten.

Die Schwarzbrotscheiben auf einem Teller platzieren und mit der Eierspeise belegen. Mit gerösteten Kürbiskernen bestreuen und mit etwas Kürbiskernöl beträufeln.

Verlorene Wachteleier im Käsefondue

Verlorene Eier hat meine Mutter immer gerne als Vorspeise serviert. In klassischen Rezepten werden die pochierten oder kernweichen Eier in einer Béchamelsauce, also einer Sauce aus Milch, Butter und Mehl, »versenkt«, also verloren. In meinem Rezept hier verstecke ich kleine Wachteleier in einem Käsefondue, die Anregung dazu habe ich in meinem Lieblingslokal in Cortina d'Ampezzo gegessen.

FÜR 4 PERSONEN

2 Bio-Wachteleier
150 g Gruyère
80 g Emmentaler
1 Knoblauchzehe
1 TL Speisestärke
1 EL Kirschwasser
ca. 65 ml Weißwein
Pfeffer aus der Mühle
1 Prise frisch geriebene Muskatnuss
1 TL frisch gepresster Zitronensaft
Weißbrot oder Baguette zum Servieren

Die Wachteleier 4 Minuten kernweich kochen, dann mit kaltem Wasser abschrecken, pellen und beiseitelegen. Beide Käsesorten reiben und beiseitestellen.

Den Knoblauch halbieren und einen Topf damit ausreiben. Speisestärke, Kirschwasser und ein wenig Weißwein vermischen. Den restlichen Wein im Knoblauchtopf aufkochen, die Kirschwassermischung dazugießen und gut verrühren.

Den geriebenen Käse in die kochende Flüssigkeit streuen, dabei mit einem Kochlöffel rühren, bis der Käse geschmolzen ist. Etwas Pfeffer, Muskatnuss und Zitronensaft dazugeben und auf die gewünschte Konsistenz rühren. Sollte das Fondue zu dickflüssig sein, etwas mehr Weißwein zugießen.

Das Käsefondue in kleine Formen gießen und je ein halbiertes Wachtelei darin versenken. Mit gewürfeltem Weißbrot oder Baguette servieren.

Krautfleckerl

Fleckerl sind quadratische oder rechteckige kleine Nudelteigstücke, die in der österreichischen Küche meistens in Form von Schinkenfleckerln (siehe S. 47) serviert werden. Meine Version ist die vegetarische Variante mit einem Krautkopf, die ebenfalls sehr beliebt ist.

FÜR 4 PERSONEN

100 g Nudelfleckerl
400 g Weißkraut
½ Zwiebel
3 EL Butter
50 g Zucker
1 TL Kümmelsamen
Salz
Pfeffer aus der Mühle

Die Fleckerl laut Packungsangabe kernweich kochen. Das Weißkraut vom Strunk befreien und in Fleckerl schneiden. Die Zwiebel fein hacken.

Die Butter in einem Topf zerlassen und den Zucker darin karamellisieren. Krautfleckerl, Zwiebel, Kümmel, etwas Salz und Pfeffer einrühren und mit wenig Wasser weich dünsten. Die gekochten Nudelfleckerl dazugeben und leicht rösten.

Die Krautfleckerl in kleine Schälchen füllen, mit frisch gemahlenem Pfeffer bestäuben und servieren.

Hadnsterz mit Parmesan und Schnittlauch

Sterz ist eine ganz einfache Speise, die aus unterschiedlichen Getreidearten gemacht wird. Hadnsterz ist aus Buchweizen und daher von dunkler Farbe. Nimmt man Mais, so reden wir von Türkensterz oder Kukuruzsterz in Österreich oder von Polenta in Italien. Warum in Süd- und Ostösterreich der Mais Kukuruz heißt, konnte ich nicht herausfinden, jedoch wird dasselbe Wort auch in Kroatien, Polen und Ungarn für Mais verwendet.
Sterz wird salzig oder süß zubereitet und oft zu Kaffee oder Milch gegessen. Bei uns zu Hause gab es früher immer eine für Österreich ungewöhnliche Art des Hadnsterzes, wahrscheinlich weil meine Großmutter aus dem heutigen Südtirol stammte, wo man den Sterz gerne mit Parmesan zubereitet.

FÜR 4 PERSONEN

1 TL Salz
1 EL Butter
100 g Hadnmehl (Buchweizenmehl)

ZUM SERVIEREN

100 g Butter
frisch geriebener Parmesan
frisch geschnittener Schnittlauch

In einem Topf 250 ml Wasser mit Salz und Butter zum Sieden bringen. Das Hadnmehl in einer Pfanne linden, also unter ständigem Rühren erhitzen, sodass die Feuchtigkeit im Mehl verdampft. Wenn der Hadn einen nussigen Duft verströmt, nach und nach mit dem Salzwasser aufgießen. Dabei entstehen kleine Klümpchen. Abgedeckt etwa 10 Minuten neben der Herdplatte stehen lassen, danach gabeln. Dafür die Klümpchen mit zwei Gabeln zerreißen.

Die Butter in einem Topf erhitzen und braun werden lassen.

Zum Servieren den Hadnsterz mit flüssiger brauner Butter beträufeln und mit Parmesan und Schnittlauch bestreuen.

TIPP:

Erhitzt man Butter einige Minuten lang in Topf oder Pfanne, beginnt sie zu bräunen und einen nussigen Duft zu verströmen. Man spricht dann von brauner Butter oder Nussbutter.

Stanitzel mit Walderdbeeren
Tiroler Schwarzbeertatschkerl
Marillenknödel mit brauner Butter
Marillenpalatschinken-Spießerl
Kaiserschmarrn mit Zwetschkenröster
Powidltascherl
Polsterzipf
Apfelstrudel
Kletzennudeln mit Zimt, brauner Butter und saurem Rahm
Haselnusspudding mit Himbeeren
Topfennockerl mit Nüssen und Himbeeren
Kastanienreis
Mohnnudeln
Gebackene Mäuse
Spritzstrauben
Zuckerreinkerl
Marmorgugelhupf
Schaumrollen
Buchteln mit Vanillesauce
Brandteigkrapfen mit Kaffeecreme
Indianerkrapfen mit Schlagobers und Schokolade

SÜSSES

Stanitzel mit Walderdbeeren

Für mich eines der leckersten Dinge, die es gibt: gebackene Teigtüten, gefüllt mit steifem Schlagobers und Walderdbeeren. Dieses Gebäck kann man natürlich das ganze Jahr über zubereiten, es hält sich ohne Fülle in einer luftdichten Dose auch für mehrere Wochen und ist so bei Bedarf schnell zur Hand. Aber bei uns zu Hause gibt es diese Stanitzel nur zur Walderdbeerensaison, denn diese sind einfach die Krönung.

FÜR 4 PERSONEN

FÜR DEN TEIG

2 Bio-Eier
100 g Zucker
100 g glattes Mehl (Type 480)

FÜR DIE FÜLLE

125 g Schlagobers
20 g Zucker
250 g Walderdbeeren, plus mehr zum Garnieren

Dressiersack
Stanitzelhölzer oder Waffelformer

Das Backrohr auf 200 °C (Ober-/Unterhitze) vorheizen. Ein Backblech mit Backpapier auslegen.

Die Eier mit Zucker schaumig schlagen, das Mehl einrieseln lassen und alles zu einem Teig mixen. Den Teig in einen Dressiersack füllen und Kreise (à 6 cm Ø) auf das Backpapier spritzen. Dabei etwas Abstand lassen, damit die Kreise, die etwas auseinanderlaufen, beim Backen nicht aneinanderkleben.

Die Teigkreise etwa 10 Minuten im vorgeheizten Rohr hell backen. Dann herausnehmen und mithilfe einer Palette über ein Stanitzel drehen. Erkalten lassen und von der Schablone nehmen.

Für die Fülle das Schlagobers steif schlagen und Zucker sowie Walderdbeeren daruntermischen.

Zum Servieren die Erdbeercreme in die kalten Stanitzel füllen und mit Walderdbeeren dekorieren.

TIPP:

Statt Walderdbeeren können natürlich auch andere Beeren verwendet werden.

Tiroler Schwarzbeertatschkerl

Hier haben wir eine sehr typische Süßspeise aus Tirol, wo sie Moosbeernocken genannt wird. Da sie jedoch eigentlich nicht die Form von Nocken haben, werden sie in den anderen österreichischen Bundesländern gerne als Tatschkerl bezeichnet.

FÜR 4 PERSONEN

90 g griffiges Mehl
100 ml Milch
1 Prise Salz
300 g frische Schwarzbeeren
100 g Butter
Zucker zum Bestreuen
Staubzucker zum Bestäuben
Vanilleeis zum Servieren (nach Belieben)

Mehl, Milch und etwas Salz glatt rühren, die Schwarzbeeren dazugeben und leicht zerquetschen. Darauf achten, dass etwa die Hälfte der Beeren ganz bleibt.

In einer Pfanne die Butter zerlassen und portionsweise etwas Schwarzbeermasse mit zwei Esslöffeln in Form von Nocken hineinsetzen, ein wenig niederdrücken und anbraten. Nach etwa 3 Minuten mit etwas Zucker bestreuen und wenden, dann die Tatschkerl auch von der anderen Seite braun werden lassen.

Die Schwarzbeertatschkerl mit Staubzucker bestäuben und nach Belieben mit Vanilleeis servieren.

Marillenknödel mit brauner Butter

Marillen- oder Zwetschkenknödel sind sehr beliebt in Österreich. Bei beiden Varianten werden die Früchte entsteint – und wer will, kann stattdessen ein Stück Würfelzucker oder Marzipan in der Mitte der Früchte platzieren. Die Knödel können aus Erdäpfel- oder Topfenteig gemacht werden. Vor allem in den Marillenanbaugebieten in der Wachau, einer Gegend nordwestlich unserer Bundeshauptstadt Wien, sind sie immer auf den Speisekarten zu finden.

FÜR 4 PERSONEN

250 g Marillen
ca. 2 Handvoll Würfelzucker
500 g mehlige Erdäpfel
150 g Mehl
1 Bio-Ei plus 1 Bio-Eiklar
Salz
100 g Butter
30 g Semmelbrösel
Staubzucker zum Bestäuben

Die Marillen auf-, aber nicht ganz durchschneiden und den Stein entfernen. Je einen Würfelzucker anstatt des Kerns hineingeben und die Früchte wieder zuklappen.

Die Erdäpfel mit Schale in einen Topf in kaltes Wasser geben, erhitzen und weich kochen, dann abseihen und sofort pellen. Die warmen Erdäpfel durch die Erdäpfelpresse drücken und mit Mehl und Ei zu einem Teig vermischen. Nicht zu lange kneten, da die Masse sonst an Spannung verliert.

Den Teig ca. 3 mm dick auswalken und so groß, dass die Marillen gut damit umhüllt werden können, rund ausstechen. Die Mitte der Teigkreise mit Eiklar bestreichen und je eine gefüllte Marille daraufsetzen. Die Teigränder darüberschlagen und zu einem runden Knödel formen.

In einem Topf 2 l Salzwasser zum Kochen bringen und die Knödel hineinlegen. Etwa 10 Minuten sanft sieden, dann mit einer Schaumkelle herausheben.

In einer Pfanne die Butter zerlassen, die Brösel hinzugeben und rösten.

Zum Servieren die gekochten Marillenknödel in der Bröselbutter wenden, auf Teller setzen und mit Staubzucker bestäuben.

Marillenpalatschinken-Spießerl

Dies ist der Renner unter seinesgleichen. Meine Tochter ist vernarrt in Marillenpalatschinken und wünscht sie sich zu jeder Tages- und Nachtzeit. Sollte ich einmal zu viele Palatschinken gemacht haben, schneide ich sie länglich auf und habe für den nächsten Tag wunderbare Frittaten als Einlage für eine gute Rindssuppe.

FÜR 4 PERSONEN

125 g Mehl
250 ml Milch
1 Bio-Ei
1 Prise Salz
30 g Zucker
40 g Butter
Marillenmarmelade
Staubzucker zum Bestäuben

Das Mehl in eine Schüssel geben und die Milch untermischen. Dann Ei, Salz und Zucker dazugeben und alles zu einem dünnflüssigen Teig rühren.

In einer Pfanne die Butter zerlassen und mit einem Schöpfer so viel Teig hineingeben, dass der Boden der Pfanne gerade dünn damit bedeckt ist. Dazu die Pfanne am besten im Kreis schwenken und neigen, damit sich der Teig gleichmäßig verteilt. Bei mittlerer Hitze den Palatschinken von beiden Seiten goldbraun backen. So fortfahren, bis der Teig aufgebraucht ist. Die fertigen Palatschinken auf einem vorgewärmten Teller stapeln.

Die Palatschinken mit Marillenmarmelade bestreichen und einrollen. Die Rollen in Scheiben schneiden, diese auf Spieße stecken und mit Staubzucker bestäuben.

Kaiserschmarrn mit Zwetschkenröster

Die Krönung der Schmarrngerichte in Österreich! Schmarrn sind Speisen, bei denen eine Mehl-Milch-Eier-Masse in einer Pfanne gebraten und dann mit einer Gabel in kleine Stücke gerissen wird. Traditionell wird dazu ein Zwetschkenröster serviert, der als eingedicktes Kompott bezeichnet werden kann, da bei der Herstellung kein Wasser verwendet wird.

FÜR 4 PERSONEN

FÜR DEN RÖSTER

500 g Zwetschken
200 g Zucker

FÜR DEN SCHMARRN

125 ml Milch
70 g Mehl
2 Bio-Eier
3 EL Butter
1 Handvoll Rosinen (nach Belieben)
65 ml Rum
Staubzucker zum Bestäuben

Für den Röster die Zwetschken halbieren und entsteinen. In einem Topf mit Zucker bestreuen und weich kochen. Wenn sich die Schale der Früchte einzurollen beginnt, ist der Röster fertig.

Für den Schmarrn Milch und Mehl mischen, die Eier dazuschlagen und kurz mit dem Handrührgerät mixen, bis eine homogene Masse entsteht.

In einer Pfanne die Butter heiß werden lassen und den Teig in die Pfanne einfließen lassen. Nach Belieben die Rosinen hineinstreuen. Einen Deckel auf die Pfanne setzen und den Schmarrn auf der Unterseite goldbraun braten. Dann wenden, den Deckel wieder aufsetzen und auch die andere Seite backen, bis sie schön goldbraun ist.

Den fertigen Schmarrn mit zwei Gabeln zerreißen, mit Rum übergießen und flambieren.

Den flambierten Kaiserschmarrn mit Staubzucker bestäuben und mit dem Zwetschkenröster servieren.

TIPP:

In sterile Gläser gefüllt, verschlossen und 10 Minuten unter Dunst eingeweckt, kann der Röster mehrere Monate aufbewahrt werden.

Powidltascherl

Powidl ist die Bezeichnung für lang eingekochte Zwetschken. Im Gegensatz zum Röster ist Powidl dicker und lässt sich streichen, ähnlich einer Marmelade (aber ohne Süßungs- und Geliermittel). Er erinnert mich – wie die Mohnnudeln (siehe S. 191) – an meine Internatszeit, denn dort gab es viele Zwetschkenbäume, deren Früchte verarbeitet werden mussten. Ob als Marmeladenersatz auf der Frühstückssemmel oder in Tascherln oder Knödeln – Powidl war besonders im Herbst immer auf dem Tisch zu finden.

FÜR 4 PERSONEN

250 g Topfen
150 g glattes Mehl (Type 480), plus mehr zum Arbeiten
1 Bio-Ei
15 g Butter
1 Prise Salz
Powidl oder Marmelade
1 Bio-Eiklar
100 g Butter
4 EL Semmelbrösel
Staubzucker zum Bestäuben (nach Belieben)

Topfen, Mehl, Ei, Butter und Salz vermengen und die Teigmasse 1 Stunde kühl stellen.

Auf der bemehlten Arbeitsfläche den Teig 5 mm dick ausrollen und mit einem runden Ausstecher oder einem Glas Teigkreise (à 10 cm Ø) ausstechen.

In die Mitte der Teigkreise je 1 TL Powidl setzen, den Rand mit Eiklar bestreichen und zu Halbkreisen zusammenklappen.

In einem Topf 2 l Salzwasser zum Kochen bringen, die Tascherl hineinlegen und 10 Minuten sanft ziehen lassen.

In einer Pfanne die Butter erhitzen und die Brösel darin rösten. Die Tascherl aus dem Wasser heben und in den Butterbröseln wälzen.

Zum Servieren die Tascherl auf einen Teller legen und nach Belieben mit Staubzucker bestäuben.

TIPP:
Powidl lässt sich auch einfach selbst herstellen. Dafür 1 kg Zwetschken entsteinen und in einem großen Topf aufkochen. Danach die Temperatur reduzieren und das Obst ohne Deckel etwa 5 Stunden köcheln, bis es eindickt.

Polsterzipf

Diese Mehlspeise ist sehr typisch für Österreich und wird schon in den ganz alten Kochbüchern geführt. Anna Plochl, die spätere Ehefrau von Erzherzog Johann von Österreich, hat sie beispielsweise in ihrem Kochbuch Mitte des 19. Jahrhunderts beschrieben. Es handelt sich um frittiertes Gebäck, das mit Marmelade gefüllt wird.

FÜR 16 ZIPFE

125 g Topfen
1 Prise Salz
130 g Butter
150 g Mehl, plus mehr zum Arbeiten
½ TL Backpulver
Marillen- oder Himbeermarmelade
Staubzucker zum Bestäuben

Dressiersack mit Tülle

Topfen, Salz, Butter, Mehl und Backpulver zu einem Teig vermischen und 1 Stunde kalt stellen.

Das Backrohr auf 180 °C (Ober-/Unterhitze) vorheizen.

Auf der bemehlten Arbeitsfläche den Teig 3 mm dick auswalken. Entweder rechteckige Stücke (ca. 5 cm x 10 cm) oder 10 cm große Quadrate ausschneiden. Die Teigstücke in der Hälfte bzw. diagonal einschlagen und die Ränder festdrücken. Ein Backblech mit Backpapier auslegen, die Polsterzipfe darauflegen und etwa 15 Minuten im Rohr backen, bis sie schön knusprig braun sind.

Den Dressiersack mit Marmelade füllen und je 1 TL davon in die Polsterzipfe spritzen.

Zum Servieren die Polsterzipfe in einer Schale anrichten und mit Staubzucker bestäuben.

Apfelstrudel

Für einen Strudel verwende ich ganz unterschiedliche Teigarten, denn man kann dafür Strudel-, Blätter- oder auch Filoteig zur Hand nehmen. Ich führe die Rezepte für die Teige nicht an, denn ganz ehrlich, ich denke, dass die meisten von uns auf die hervorragenden fertigen Kaufprodukte zurückgreifen.
Die Variante mit Äpfeln ist einer der am häufigsten gemachten Strudel in Österreich, aber auch mit Topfenfülle oder anderem Obst kann man dieses Rezept sehr gut verwenden.

FÜR 16 MINI-STRUDEL

1 kg Äpfel
100 g Zucker
2 EL frisch gepresster Zitronensaft
1 EL Semmelbrösel
1 Prise Zimtpulver
1 TL Vanillezucker
2 EL Rum
80 g Butter
1 Pck. Filoteig (8 Blätter, aus dem Kühlregal)
Staubzucker zum Bestäuben
steifes Schlagobers, Vanilleeis oder Vanilllesauce (siehe S. 203) zum Servieren

Die Äpfel schälen, das Kerngehäuse entfernen und das Fruchtfleisch in kleine Würfel schneiden. Mit Zucker, Zitronensaft, Semmelbröseln, Zimt, Vanillezucker und Rum vermischen.

Die Butter in einem Topf zerlassen.

Das Backrohr auf 180 °C (Umluft) vorheizen.

Den Filoteig ausrollen, ein Teigblatt in zwei längliche Streifen schneiden und die Ränder mit der flüssigen Butter bestreichen. An einer der Schmalseiten mit jeweils 2 cm Abstand zu den Rändern je 2 TL der Apfelmasse setzen, die seitlichen Ränder über die Fülle schlagen und nun die Teigstreifen zu Päckchen einrollen. Mit den weiteren Teigblättern ebenso verfahren, bis am Ende 16 Mini-Apfelstrudel entstanden sind.

Die kleinen Strudel auf ein (nach Möglichkeit gelochtes) Backblech legen, mit flüssiger Butter bestreichen und 15 Minuten im vorgeheizten Rohr backen.

Die Mini-Apfelstrudel mit Staubzucker bestäuben und mit steif geschlagenem Schlagobers, Vanilleeis oder einem Kännchen Vanillesauce servieren.

TIPP:
Lauwarm schmecken die Strudel noch besser.

Kletzennudeln mit Zimt, brauner Butter und saurem Rahm

Diese Nudeln sind eine süße Variante der Kärntner Nudeln (siehe S. 139). Der Nudelteig dafür wird dünn ausgewalkt, kreisförmig ausgestochen und die Fülle in Form von kleinen Kugeln daraufgesetzt, dann der Teig übergeschlagen und »gekrendelt«. Diese Machart sieht besonders schön aus, denn der Teigrand wird dabei wellenförmig eingeschlagen und niedergedrückt. In Kärnten, dem südlichsten unserer neun Bundesländer, gibt es ein Sprichwort: »A Dirndl das nit krendeln kann, kriegt kan Mann.«

FÜR 4 PERSONEN

FÜR DIE FÜLLE

250 g Kletzen (gedörrte Birnen)

500 g Brösel- oder Bauerntopfen

1 TL Zimtpulver

FÜR DEN TEIG

300 g griffiges Mehl

1 Prise Salz

AUSSERDEM

Salz

150 g Butter

Zimtpulver und Zucker zum Bestreuen

Zwetschkenröster (siehe S. 174) zum Servieren

Sauerrahm zum Servieren

Zuerst für die Fülle die Kletzen über Nacht in Wasser einlegen. Am nächsten Tag in frischem Wasser kochen, bis sie weich sind. Abgießen, auskühlen lassen und durch ein Sieb streichen, dann mit Bröseltopfen und Zimt vermischen.

Für den Teig Mehl, Salz und 250 ml Wasser in der Küchenmaschine kneten, bis sich der Teig vom Schüsselrand löst. Mit einem Tuch abdecken und an einem warmen Ort 30 Minuten rasten lassen.

Den Teig 3 mm dick ausrollen und Kreise (6 cm Ø) ausstechen. Auf jedes Teigstück mittig eine kleine Kugel der Fülle setzen. Den Teig zusammenklappen, den Rand gut zusammendrücken und krendeln, also wellenförmig einschlagen.

In einem Topf 2 l Salzwasser zum Kochen bringen, die gefüllten Nudeln hineinlegen und etwa 10 Minuten sieden. In einem Topf die Butter erhitzen und braun werden lassen (s. Tipp S. 161). Die fertigen Nudeln mit einer Schaumkelle aus dem Wasser heben.

Die Kletzennudeln auf Teller setzen, mit Zimt und Zucker bestreuen und mit brauner Butter übergießen. Mit Zwetschkenröster und einem Schälchen Sauerrahm servieren.

TIPP:

Natürlich kann man die Nudeln auch ausradeln; diese Variante habe ich bei den Kärntner Nudeln (siehe S. 139) angewandt.

Haselnusspudding mit Himbeeren

Dieses Rezept geht auf ein sehr schönes Hotel in Klagenfurt zurück. Ältere Leute kennen das Dessert unter dem Namen Sandwirt-Pudding. Achten Sie darauf, dass der Eischnee wirklich sehr steif geschlagen ist. Bei mir zu Hause wird diese Nachspeise mit Himbeermark serviert, doch natürlich passt auch jede andere Frucht sehr gut.

FÜR 4 PERSONEN

2 Bio-Eier
5 EL Zucker
2 Blatt Gelatine
70 g gemahlene Haselnusskerne
Pflanzenöl für die Formen
100 g Himbeeren
1 TL Staubzucker
125 g Schlagobers

Pudding- oder Muffinformen
Dressiersack

Die Eier trennen. Die zwei Dotter mit 3 EL Zucker am Herd über einem Wasserbad schaumig schlagen.

Die Gelatineblätter in 2 EL warmem Wasser einweichen und auflösen. In das schaumige Dotter-Zucker-Gemisch einrühren.

Die zwei Eiklar mit den restlichen 2 EL Zucker zu steifem Schnee schlagen. Die Haselnüsse unter den Schnee mischen und vorsichtig unter die Dottermasse heben.

Puddingförmchen einölen, die Teigmasse hineinfüllen und mindestens 1 Stunde kalt stellen.

Die Himbeeren mit dem Pürierstab glatt mixen und mit dem Staubzucker süßen.

Zum Servieren einen Himbeerspiegel auf kleine Teller schöpfen. Den Pudding vorsichtig aus den Formen lösen und auf den Spiegel setzen. Das Schlagobers steif schlagen, in einen Dressiersack füllen und den Pudding damit garnieren.

Topfennockerl mit Nüssen und Himbeeren

Ein Klassiker unter den österreichisch-böhmischen Nachspeisen. Die Nockerl können in Nüssen oder Mohn gewälzt werden und sind eine herrlich leichte Tapa.

FÜR 4 PERSONEN

FÜR DIE NOCKERL

Salz
250 g Cremetopfen
20 g Mehl
25 g Zucker
40 g Polentagrieß
1 Bio-Ei
Abrieb von 1 unbehandelten Bio-Zitrone
1 EL Olivenöl

AUSSERDEM

100 g Butter
150 g Himbeeren
1 EL Zucker
4 EL fein gehackte Walnusskerne
Zimtpulver und Staubzucker zum Bestäuben

Die Butter in einem Topf erhitzen und braun werden lassen (s. Tipp S. 161).

Die Himbeeren in einem Topf pürieren, den Zucker dazugeben und leicht erwärmen.

Die Walnüsse in einer Pfanne trocken anrösten, bis sie duften.

Für die Nockerl 2 l Salzwasser in einem Topf zum Sieden bringen. Topfen, Mehl, Zucker, Grieß, Ei, Zitronenabrieb, Olivenöl und etwas Salz zu einem Teig vermengen. Mit zwei Teelöffeln Nockerl daraus formen und in das kochende Salzwasser legen. Sobald sie an der Oberfläche schwimmen, die Nockerl mit einer Schaumkelle herausheben und in den gerösteten Nüssen wälzen.

Zum Servieren die Nockerl auf einem Teller platzieren, mit Zimt und Staubzucker bestäuben und die braune Butter darüberträufeln. Das warme Himbeerpüree dazureichen.

Kastanienreis

Eine Köstlichkeit aus Südtirol, die von meiner Mutter sehr gerne gemacht wurde. Ich denke, sie wollte damit meiner aus Südtirol stammenden Großmutter eine Freude machen. Die passierten Kastanien ähneln Reiskörnern, daher der Name Kastanienreis.

Obenauf werden Amarenakirschen gesetzt und ihr Sirup darübergeträufelt. Amarenakirschen in Sirup sind gut erhältlich; es handelt sich dabei um Sauerkirschen aus Italien, die im eigenen Saft mit Zucker und Zitronensäure eingelegt wurden.

FÜR 4 PERSONEN

350 g Esskastanien
150 g Zucker
2 EL Rum
125 g Schlagobers
Amarenakirschen plus Sirup

Das Backrohr auf 200 °C (Ober-/Unterhitze) vorheizen.

Die Esskastanien an der gerundeten Seite kreuzweise einschneiden, auf ein nasses Blech legen und im Rohr backen, bis sie aufspringen. So lassen sie sich leichter schälen. Die geschälten Kastanien 30 Minuten in Wasser kochen, bis sie weich sind, dann abgießen.

Die warmen Kastanien passieren (mit einer Erdäpfelpresse oder einem Reibeisen; es werden 200 g benötigt) und mit Zucker und Rum gut vermischen. Das Schlagobers steif schlagen.

Das Schlagobers in kleine Schälchen löffeln und den Kastanienreis obenauf platzieren. Mit Amarenakirschen sowie ein wenig Kirschsirup toppen.

Mohnnudeln

Mohnnudeln sind für alle, die einmal in einem Schulinternat waren, eine Erinnerung an ihre Kindheit. Überhaupt werden in Österreich Süßspeisen gerne als Abendessen serviert. Viele der Gerichte sind typisch für die österreichisch-böhmische Küche.

FÜR 4 PERSONEN

- 100 g Mehl, plus mehr zum Arbeiten
- 1 Bio-Ei
- Salz
- 100 g Butter
- 2 EL gemahlener Mohn
- Staubzucker zum Bestäuben

Das Mehl auf die Arbeitsfläche häufen, eine Mulde in die Mitte drücken und das Ei hineinschlagen. Etwas Salz dazugeben und mit einem Messer beginnen, den Teig zu mischen. Mit der Hand weiter kneten, dabei 1 EL Wasser hinzufügen.

Den Teig auf der bemehlten Arbeitsfläche 3 mm dick und länglich auswalken und antrocknen lassen. Den Teig längs einrollen und in 1 cm dicke Streifen schneiden. Die Streifen dann einzeln zwischen den Handflächen zu Nudeln formen.

In einem Topf 2 l Salzwasser zum Kochen bringen und die Nudeln darin etwa 10 Minuten kochen, bis sie an der Oberfläche schwimmen. Mit einer Schaumkelle aus dem Wasser heben.

Die Butter in einer Pfanne zerlassen und die Nudeln darin schwenken. Den geriebenen Mohn dazugeben und gut mischen.

Zum Servieren die Mohnnudeln auf einem Teller anrichten und mit Staubzucker bestäuben.

Gebackene Mäuse

Natürlich sind es keine echten Mäuse, die hier im Teig versteckt werden. Der Name kommt wohl von der Form der Teignockerl, die mit etwas Fantasie an kleine Mäuslein erinnert. Ursprünglich stammt diese Süßspeise aus Belgien, wo sie aus alter Tradition auch heute noch gerne zu Silvester serviert wird.

FÜR 20 MÄUSE

125 ml Milch
10 g Germ
Salz
1 TL Zucker
60 g Mehl
15 g Butter
20 g Staubzucker, plus mehr zum Bestäuben
1 Bio-Dotter
1 TL Rum
10 g Rosinen
150 g Butterschmalz

Die Milch in einem Topf lauwarm erhitzen. Die Germ in einer kleinen Schüssel zerbröseln und mit 2 TL lauwarmer Milch, etwas Salz sowie 1 TL Zucker verrühren und an einem warmen Ort 15–20 Minuten gehen lassen. Im optimalen Fall steigt die Masse hoch auf und schlägt Blasen. Das nennen wir Dampfl.

Mehl, etwas Salz, Butter, Staubzucker, Dotter und Rum mit der restlichen lauwarmen Milch mischen und das Dampfl dazugeben. Den Teig in der Küchenmaschine rühren, bis er sich leicht vom Knethaken löst. Kurz davor die Rosinen hinzufügen. Den Teig in eine Schüssel füllen, mit einem sauberen Tuch abdecken und an einem warmen Ort 1 Stunde rasten lassen.

Das Butterschmalz in einem tiefen Topf erhitzen. Aus dem Teig mit zwei Esslöffeln Nockerl formen und diese im heißen Fett goldbraun ausbacken. Mit einer Schaumkelle herausheben und auf Küchenpapier abtropfen lassen.

Zum Servieren die gebackenen Mäuse mit Staubzucker bestäuben.

TIPP:

Zu dieser süßen Tapa passen Vanillesauce (siehe S. 203) oder Himbeersirup zum Tunken sehr gut.

Spritzstrauben

Dieses Gebäck besteht aus einem Teig, der mithilfe eines Dressiersacks in heißes Fett gespritzt und herausgebacken wird. Eine Köstlichkeit, die leider viel zu selten zu bekommen ist, obwohl sie sehr einfach in ihrer Zubereitung ist.

FÜR 4 PERSONEN

100 g Mehl
15 g Butter
2 Bio-Eier
1 Prise Salz
1 TL Zucker
1 TL Rum
250 g Frittierfett
Staubzucker zum Bestäuben

Straubenspritze oder Dressiersack mit großer Tülle

Aus Mehl, Butter, 150 ml Wasser, Eiern, Salz, Zucker und Rum einen Brandteig mixen.

In einem tiefen Topf das Fett erhitzen.

Die Teigmasse in die Straubenspritze füllen und 10 cm lange Stücke ins heiße Fett drücken. Goldbraun ausbacken, dann die Strauben vorsichtig mit einer Schaumkelle herausheben und auf Küchenpapier abtropfen lassen.

Zum Servieren die Spritzstrauben mit Staubzucker bestäuben.

Zuckerreinkerl

Ein Reinkerl ist eine Spezialität aus Kärnten, ganz im Süden Österreichs gelegen. Der große Bruder vom Reinkerl ist der Reindling – beide werden aus Germteig gemacht und mit Zucker und Zimt gefüllt.

FÜR 4 PERSONEN

100 ml Milch
½ Würfel Germ
Salz
1 TL Zucker, plus mehr für die Form
250 g glattes Mehl (Type 480), plus mehr zum Arbeiten
30 g Staubzucker
100 g sehr weiche Butter, plus mehr für die Form
1 TL Rum
1 Bio-Ei

FÜR DIE FÜLLE

100 g Butter
30 g Zucker
1 Msp. Zimtpulver
100 g Rosinen (nach Belieben)

Pudding- oder Muffinformen

Die Milch in einem Topf lauwarm erhitzen.

Die Germ in einer kleinen Schüssel zerbröseln und mit 2 TL lauwarmer Milch, etwas Salz und Zucker verrühren. An einem warmen Ort 15–20 Minuten gehen lassen. Im optimalen Fall steigt die Masse hoch auf und schlägt Blasen. Das nennen wir Dampfl.

Mehl, Dampfl, Staubzucker, Butter, ½ TL Salz, Rum und Ei in der Küchenmaschine vermengen und dabei langsam die restliche lauwarme Milch einfließen lassen. Wenn sich der Teig vom Knethaken löst, ist er fertig. Den Teig in einer Schüssel mit einem sauberen Tuch abdecken und an einem warmen Ort 30 Minuten rasten lassen. Er sollte dann schön aufgegangen sein.

Für die Fülle die Butter in einem kleinen Topf zerlassen. Den Teig auf der bemehlten Arbeitsfläche 3 mm dick ausrollen und mit flüssiger Butter bestreichen. Zucker und Zimt sowie nach Belieben Rosinen gleichmäßig daraufstreuen und den Teig straff einrollen. Die Rolle in 3 cm dicke Scheiben schneiden.

Kleine Formen buttern und mit Zucker ausstreuen. Die Teigstücke in die Formen setzen und nochmals 30 Minuten mit einem Tuch abgedeckt an einem warmen Ort rasten lassen, damit sie aufgehen und die Reinkerl schön fluffig werden. Inzwischen das Backrohr auf 220 °C (Ober-/Unterhitze) vorheizen.

Die Formen anschließend in das heiße Rohr schieben, die Temperatur auf 180 °C reduzieren und das Gebäck 20 Minuten backen. Die Reinkerl herausnehmen, gleich aus den Formen stürzen und auskühlen lassen.

Marmorgugelhupf

Ein österreichisches Kochbuch ohne Gugelhupf ist unvollständig. Der Marmorgugelhupf war das erste Rezept, nach dem ich als wirklich kleines Kind zu backen begonnen habe. Ich sehe mich noch mit einem Schokoladenbart in der Küche meiner Mutter, die mir damals riesengroß vorgekommen ist. Marmorn ist er deswegen, weil die helle Masse abwechselnd mit dem dunklen Schokoladenteig in die Gugelhupfform gefüllt wird. Der Gugelhupf ist in den Backstuben der ehemaligen österreichisch-ungarischen Monarchie sehr oft zu finden.

FÜR 4 PERSONEN

3 Bio-Eier
140 g weiche Butter, plus mehr für die Form
220 g Zucker
125 ml Milch
270 g Mehl, plus mehr für die Form
Abrieb von 1 unbehandelten Bio-Zitrone
1 Pck. Backpulver
40 g Backkakao
Staubzucker zum Bestäuben

Gugelhupfform

Das Backrohr auf 180 °C (Ober-/Unterhitze) vorheizen.

Die Eier trennen. Die Butter flaumig rühren, Zucker und Dotter dazugeben. Abwechselnd Milch und Mehl einarbeiten, dann den Zitronenabrieb hinzufügen.

Die Eiklar zu steifem Schnee schlagen und mit dem Backpulver vorsichtig unter den Teig heben.

Den Kakao mit 2 EL Wasser anrühren. Die Teigmasse halbieren und eine Hälfte mit dem Kakao mischen.

Eine Gugelhupfform ausbuttern und mit Mehl ausstreuen. Die beiden Teige abwechselnd in die Form schichten und den Kuchen im vorgeheizten Rohr 1 Stunde backen. Anschließend den Gugelhupf herausnehmen, auskühlen lassen und aus der Form lösen.

Den Gugelhupf in Stücke schneiden und zum Servieren mit Staubzucker bestäuben.

Schaumrollen

In Österreich findet man dieses gerollte Blätterteiggebäck in jeder Konditorei. Gefüllt mit einer beliebigen Creme oder einfach nur mit steifem Schlagobers ist die Schaumrolle immer ein Genuss.

FÜR 6 ROLLEN

FÜR DIE ROLLEN

1 Bio-Ei
1 Pck. Blätterteig (aus dem Kühlregal)
Staubzucker zum Bestäuben

FÜR DIE FÜLLE

2 Bio-Eiklar
70 g Zucker
70 g Staubzucker

Schaumrollenformen

Das Backrohr auf 200 °C (Ober-/Unterhitze) vorheizen.

Für die Rollen das Ei trennen. Den Blätterteig auseinanderrollen und der Länge nach in 3 cm breite Streifen schneiden. Den Rand der Länge nach mit Eiklar bestreichen und die Streifen spiralförmig auf die Schaumrollenformen aufrollen. Die Oberseite mit dem verquirlten Dotter bestreichen.

Ein Backblech mit Backpapier belegen, dieses befeuchten, die Teigspiralen darauflegen und 15 Minuten im Rohr backen, bis sie goldbraun sind. Sie lassen sich dann leicht von den Formen schieben. Die Rollen auskühlen lassen und mit Staubzucker bestäuben.

Für die Fülle die Eiklar mit Zucker und Staubzucker über einem Wasserbad schaumig schlagen. Wenn sich der Zucker aufgelöst hat, die Masse von der Hitze nehmen und so lange weiterschlagen, bis sie ausgekühlt ist. Die Fülle in einen Dressiersack füllen und in die erkalteten Schaumrollen spritzen.

Die Schaumrollen auf einen Teller gestapelt servieren.

Buchteln mit Vanillesauce

Was für eine Kindheitserinnerung! Meine Mutter war eine große Meisterin im Zubereiten dieser Süßspeise. Ganz ehrlich: Ich habe sie noch nie so hinbekommen wie sie. Wichtig sind der Zucker am Boden der ausgebutterten Form sowie reichlich Butter, in die die Winzlinge getaucht werden, bevor man sie in die Form setzt.

FÜR 4 PERSONEN

FÜR DIE BUCHTELN

125 ml Milch
½ Würfel Germ
1 Prise Salz
1 TL Zucker, plus 2 EL für die Form
250 g Mehl, plus mehr zum Arbeiten
4 EL Staubzucker, plus mehr zum Bestäuben
1 EL Vanillezucker
1 Bio-Ei
140 g Butter, plus mehr für die Form

FÜR DIE SAUCE

250 ml Milch
50 g Zucker
3 Bio Dotter
Mark von 1 Vanilleschote
10 g Speisestärke

Die Milch in einem Topf lauwarm erhitzen.

Die Germ in einer kleinen Schüssel zerbröseln, mit 2 TL lauwarmer Milch, etwas Salz sowie 1 TL Zucker verrühren und an einem warmen Ort 15–20 Minuten gehen lassen. Im optimalen Fall steigt die Masse hoch auf und schlägt Blasen. Das nennen wir ein Dampfl.

Mehl, Staubzucker, Vanillezucker, Ei, 40 g Butter, die restliche lauwarme Milch und das Dampfl in der Küchenmaschine rühren, bis ein Teig entsteht, der sich gut vom Knethaken abnehmen lässt. Die Schüssel an einen warmen Ort stellen, mit einem sauberen Tuch abdecken und den Teig 1 Stunde gehen lassen.

Das Backrohr auf 180 °C (Ober-/Unterhitze) vorheizen. Den Teig auf der bemehlten Arbeitsfläche zu einer Rolle (3 cm Ø) formen und diese in je 3 cm dicke Scheiben schneiden. Die restlichen 100 g Butter in einem Topf zerlassen.

Eine Auflaufform großzügig ausbuttern und mit 2 EL Zucker ausstreuen. Die Buchteln in die zerlassene Butter tauchen und in die Form setzen. Am Ende die restliche Butter darübergießen und die Buchteln etwa 1 Stunde im Rohr goldbraun backen.

Für die Sauce alle Zutaten in einem Schneekessel über Dampf warm schlagen, bis die Sauce dickflüssig wird.

Zum Servieren etwas Vanillesauce in tiefe Schalen schöpfen, eine Buchtel in die Mitte setzen und mit Staubzucker bestäuben.

Brandteigkrapfen mit Kaffeecreme

Brandteigkrapfen kann man mit den unterschiedlichsten Cremes füllen. Wichtig bei diesem Teig ist, dass das Backrohr gut vorgeheizt ist und während des Backvorgangs nicht geöffnet wird, da der Teig leicht zusammenfällt. Ich bestäube sie am Ende mit Staubzucker, aber auch mit Schokoladenguss schmecken sie köstlich. Die Krapfen sind ohne Fülle in einer Dose lange haltbar und können daher in größerer Stückzahl gemacht und bei Bedarf verwendet werden.

FÜR 10 KRAPFEN

FÜR DIE KRAPFEN

100 ml Milch
35 g weiche Butter
100 g Mehl
2 Bio-Eier
15 g Zucker
1 Prise Salz
1 Bio-Eiklar
Staubzucker zum Bestäuben

FÜR DIE CREME

3 EL Zucker
3 frisch gebrühte Espressi
1 Bio-Ei
125 g Schlagobers

Für die Krapfen Milch, Butter, Mehl, Eier, Zucker und Salz mit dem Handrührgerät zu einem glatten Teig rühren und 1 Stunde im Kühlschrank rasten lassen.

Das Backrohr auf 180 °C (Ober-/Unterhitze) vorheizen.

Für die Creme den Zucker im Espresso auflösen und den Kaffee erkalten lassen. In einer Schüssel über Wasserdampf am Herd das Ei schaumig schlagen. Das Schlagobers steif schlagen, die kalte Kaffeemasse und das schaumige Ei vorsichtig unterheben.

Ein Backblech mit Wasser befeuchten, mit zwei Teelöffeln aus dem gekühlten Teig runde Krapfen formen und diese auf das Blech setzen. Die Teigkrapfen mit Eiklar bestreichen und im vorgeheizten Rohr etwa 15 Minuten backen, bis sie eine goldbraune Farbe annehmen. Die Krapfen bei Zimmertemperatur auskühlen lassen.

Die Krapfen halbieren und mit der Kaffeecreme füllen. Mit Staubzucker bestäubt servieren.

TIPP:

Statt Espresso können Sie natürlich auch Vanillemark oder Früchte in das Schlagobers geben.

Indianerkrapfen mit Schlagobers und Schokolade

Das Indianerkrapfenrezept hat aus seiner Geschichte heraus nichts mit »Indianern« aus Amerika zu tun, sondern kam Mitte des 19. Jahrhunderts durch Artisten aus Indien zu uns nach Europa. Es ist eine Süßspeise aus zwei halbierten Biskuithälften mit gezuckertem Schlagobers und Schokoladenguss. Sie sind gut vorzubereiten, denn die Biskuitlinge sind in einer Dose gelagert lange haltbar.

FÜR 8 KLEINE KRAPFEN

3 Bio-Eier
65 g Zucker
1 EL Wasser
60 g Mehl
250 g Schlagobers
250 g Schokolade
1 EL Butter, plus mehr für die Formen

Muffinformen

Das Backrohr auf 160 °C (Ober-/Unterhitze) vorheizen.

Die Eier trennen. Die Eiklar mit 20 g Zucker zu steifem Schnee schlagen. Die Dotter und die restlichen 45 g Zucker schaumig rühren. Nach und nach 1 EL Wasser sowie das Mehl dazugeben und 10 Minuten weiter rühren. Dann den steifen Schnee unterheben. Diesen Teig nennen wir Biskuitteig.

Kleine Muffinformen gründlich ausbuttern. Den Biskuitteig bis zur Hälfte in die Formen füllen und im vorgeheizten Rohr 30 Minuten goldbraun backen.

Die Krapfen aus dem Rohr nehmen und auskühlen lassen. Das Schlagobers steif schlagen. Die Krapfen in der Mitte durchschneiden und mit dem Schlagobers füllen.

Für die Glasur die Schokolade in einer Schüssel im Wasserbad am Herd schmelzen und 1 EL Butter hineinrühren. So bekommt die Schokolade einen schönen Glanz.

Die Oberseite der Indianerkrapfen mit der Schokolade glasieren, auf einer Platte anrichten und servieren.

Glossar: Österreichisches Deutsch

ausrinnen – auslaufen
ausradeln/auswalken – ausrollen
Backhendl – Backhähnchen
Backrohr – Backofen
Bauern-/Bröseltopfen – (stark abgetropfter) Quark
Blunzn – Blutwurst
Brein – Hirse
Dille – Dill
Dotter – Eigelb
Dressiersack – Spritzbeutel
Eierschwammerl – Pfifferling
Eiklar – Eiweiß
Erdäpfel – Kartoffeln
Essiggurken – Gewürzgurken
Extrawurst – eine Art Lyoner
Faschiertes – Hackfleisch
Fleischhauer – Fleischer/Metzger
Frittaten – Pfannkuchenstreifen
Fülle – Füllung
Germ – Hefe
Geselchtes – (geräucherter) Schinken
glattes Mehl Type 480 – Type 405
Haxerl – Hachse
Hendl – Hähnchen
Herrenpilz – Steinpilz
Jungzwiebel – Frühlingszwiebel
Karfiol – Blumenkohl
Kernöl – Kürbiskernöl
kernweich – al dente/bissfest
Kletzen – gedörrte Birnen
Kren – Meerrettich
Marille – Aprikose
Palatschinken – Pfannkuchen
Panier – Panade
Paradeiser – Tomaten
Pariserwurst – eine Art Lyoner
Radeln – Scheiben
rasten – ruhen
Rollgerste – Gerstengraupen
Rote Rübe – Rote Bete
Schlagobers – Sahne
Schwarzbeeren – Blaubeeren/Heidelbeeren
Semmelwürfel – Knödelbrot
speckige Erdäpfel – festkochende Kartoffeln
Staubzucker – Puderzucker
Topfen – (abgetropfter) Quark
Weckerl (s. Bierweckerl) – Brötchen
Zwetschke – Zwetschge

REGISTER

DANK

Ich möchte an dieser Stelle die Gelegenheit nutzen, Danke zu sagen. Danke an die Personen, die mich für die Liebe zum Kochen affin gemacht haben.

Da wäre an erster Stelle meine Mutter, die eine großartige Köchin war, jeden Tag in der Küche stand und täglich dreigängige Menüs gezaubert hat. Danke! Ich erinnere mich noch sehr gut daran, als ich das erste Mal alleine einen Marmorkuchen gebacken habe – ich glaube, ich war gerade einmal fünf Jahre alt.

Während meiner Studienzeit war es mein Bruder, der die Idee hatte, abwechselnd einmal pro Woche zu kochen. Was gekocht werden musste, durfte jeweils der andere sagen. Glauben Sie mir, das waren wirklich knifflige Aufgaben. Danke dafür!

Viele Jahre später habe ich den *Stand 17* übernommen – das war natürlich die Krönung meiner Kochzeit. In diesen acht Jahren ist meine Familie viel zu kurz gekommen, und daher möchte ich mich auch bei ihr bedanken, denn wenn ich am späteren Nachmittag vom Markt nach Hause kam, hatte ich meistens keine Lust mehr, mich für ein Abendessen wieder an den Herd zu stellen. Vielen Dank für eure Geduld und verzeiht mir, dass eure Bäuche oft leer geblieben sind.

Bei meinen Freunden möchte ich mich bedanken, die mir mit ihren Komplimenten zu meinen Gerichten wirklich eine große Freude machen.

Zu guter Letzt will ich mich bei meiner Freundin Valerie bedanken, die ich seit über 40 Jahren kenne und die mich zu Jahresbeginn angesprochen hatte, mit ihr gemeinsam das Projekt *Österreichische Tapas* zu realisieren.

Zubereitungshinweise

Löffelmaßangaben: Falls nicht anders angeführt, sind stets gestrichene Löffel gemeint. EL und TL sind Abkürzungen für Esslöffel und Teelöffel.

Backofen: Der Ofen sollte stets auf die angegebene Temperatur vorgeheizt werden. Die angegebenen Temperaturen gelten für konventionelle Backöfen mit Ober-/Unterhitze. Beim Backen und Garen mit Umluft muss die Temperatur jeweils um etwa 20 °C reduziert werden. Backen und garen Sie stets in der Ofenmitte.

Sterilisierte Einmachgläser verwenden.

Hygiene: Achten Sie bei der Zubereitung von rohem Fleisch auf peinliche Hygiene. Waschen Sie benutzte Schneidebretter, Messer, Arbeitsflächen und Ihre Hände nach Gebrauch sorgfältig heiß ab. Fleisch und Gemüse nie auf demselben Schneidebrett verarbeiten. Fleisch sollte vor der Zubereitung immer trocken getupft werden.

Obst und Gemüse vor der Verarbeitung immer waschen, putzen oder bei Bedarf schälen.

Originalausgabe
1. Auflage 2024

Bauhof 1, 90556 Cadolzburg
www.arsvivendi.com

Druck und Bindung: Belvédère, Niederlande
Printed in Europe

ISBN 978-3-7472-0636-2

Texte und Rezepte: Nini Nagele
Fotografie: © Valerie Hammacher, www.valeriehammacher.com
Redaktion: Annalena Denninger
Lektorat: Simone Gerlach
Korrektorat: Dr. Katrin Korch
Satz: Christine Richert, typoholica design
Covergestaltung: ars vivendi